Schriftenreihe des
Zentrums für rechtswissenschaftliche
Grundlagenforschung Würzburg

herausgegeben von
Prof. Dr. Jürgen Weitzel und
Prof. Dr. Dr. Eric Hilgendorf

Band 5

Prof. Masanori Shiyake

Verfassung und Religion in Japan

Die Deutsche Nationalbibliothek verzeichnet diese Publikation in der Deutschen Nationalbibliografie; detaillierte bibliografische Daten sind im Internet über http://dnb.d-nb.de abrufbar.

ISBN 978-3-8329-7022-2

1. Auflage 2011

Inhaltsverzeichnis

Prof. *Masanori Shiyake*, Juristische Fakultät der Universität Kyoto

Masanori Shiyake, geboren 1947 in der Präfektur Shiga, studierte von 1967 bis 1971 Rechtswissenschaften an der Universität Kyoto. Im April 1971 begann er den Doktorandenkurs an der Universität Kyoto und wurde 1973 Mitarbeiter an der pädagogischen Hochschule Aichi. Es folgte ein einjähriger Forschungsaufenthalt an der Universität München als Humboldt-Stipendiat bei den Professoren Dr. Peter Badura und P.C. Mayer-Tasch. 1977 wurde Shiyake Dozent an der pädagogischen Hochschule Aichi und 1978 auch Assistenzprofessor.

Nach einer fünfjährigen Assistenzprofessurzeit an der Fakultät für Allgemeine Bildung der Universität Kyoto wurde Shiyake 1988 Professor der Rechtswissenschaften an der Juristischen Fakultät der Universität Kyoto. Von 1991 bis 2004 war Shiyake zudem Mitglied des Untersuchungsausschusses zur Informationsveröffentlichung der Stadt Osaka und von 2001 bis 2004 Vorsitzender desselben Ausschusses. Von 1993 bis 2008 diente er als Mitarbeiter im Arbeitsausschuss der Präfektur Kyoto. Seit 1995 ist Shiyake Vorstandsmitglied der Association of Comparative Constitutional Law. Von 1995 bis 2008 hielt er zudem den Vorsitz im Untersuchungsausschuss zum Schutz von personenbezogenen Daten der Stadt Kyoto. Diese Funktion übte er von 1999 bis 2008 auch für die Stadt Uji aus.

Shiyake ist jahrelanges Mitglied der Gesellschaft für japanische Rechtsphilosophie. Seit 1997 ist Shiyake Vorstandsmitglied der Gesellschaft für deutsch-japanisches Recht. Ferner war er Vorstandsmitglied der Gesellschaft für Rechtsvergleichung und Mitglied des Untersuchungsausschusses zur Pflegeversicherung der Präfektur Kyoto sowie Mitglied des beratenden Ausschusses der Universität Kyoto. 2003 unternahm Shiyake im Auftrag der Prüfungskommission der japanischen Verfassung des japanischen Oberhauses einen Forschungsaufenthalt in Frankfurt, Karlsruhe, Heidelberg und Köln. Seit 2004 ist Shiyake Vorstandsmitglied der Gesellschaft für japanisches Öffentliches Recht. Von 2007 bis 2009 war er zudem Dekan der Juristischen Fakultät der Universität Kyoto.

Vorwort

Die beiden im vorliegenden Band abgedruckten Texte stammen von Prof. Masanori Shiyake, Professor für Staatsrecht an der Juristischen Fakultät der Universität Kyoto und einer der führenden Staatsrechtslehrer Japans. Sie beruhen auf zwei Vorträgen, die Prof. Shiyake im Sommer 2010 und Frühjahr 2011, u.a. im Rahmen eines Forschungsaufenthaltes am Würzburger Zentrum für rechtswissenschaftliche Grundlagenforschung gehalten hat. Ziel des Abdruckes ist es, die traditionell gute Zusammenarbeit zwischen der japanischen und der deutschen Rechtswissenschaft weiter zu befördern. Autor wie Herausgeber teilen die Überzeugung, dass im Zeitalter der Globalisierung viele Regelungsfragen nur noch auf der Basis rechtsvergleichender Problemanalysen sinnvoll beantwortet werden können. Der vorliegende Band soll dazu einen Beitrag leisten.

Für die Unterstützung bei der Erstellung der deutschen Fassung danken wir Frau Rechtsreferendarin Ina Helm sehr herzlich.

Würzburg, im Juli 2011

Prof. Dr. Dr. Eric Hilgendorf
Dekan der Juristischen Fakultät
Sprecher des Zentrums für rechtswissenschaftliche Grundlagenforschung, Würzburg 2009 – 2010

Zur Diskussion über die Verfassungsänderung in Japan[1]

I. Einleitung

1. Die geltende Japanische Verfassung ist seit ihrem Erlass am 3. November 1946 nach über 64 Jahren bis heute noch nie geändert worden. Dass dies eine Besonderheit ist, wird im Vergleich mit der deutschen Verfassung, die bereits mehrmals geändert worden ist, umso deutlicher. Nachdem das Grundgesetz (GG) kurz nach seinem Inkrafttreten im Mai 1949 bereits im August 1951 zum ersten Mal geändert wurde, sind ihm bis zur letzten Änderung am 29. Juli 2009 insgesamt 57 Änderungen widerfahren. Die Untersuchung der neueren deutschen Verfassungsgeschichte macht deutlich, dass alle Verfassungen der Neuzeit, abgesehen von der sog. Paulskirchenverfassung von 1849, die nie in Kraft trat, – sei es die Verfassung des Deutschen Reichs vom 1871 (sog. Bismarck'sche Verfassung) oder die Weimarer Reichsverfassung vom 1919 – mehrmals geändert wurden. Anders gesagt: Es gibt keine Verfassung in Deutschland, weder im Bund noch in den Ländern, die noch nie geändert wurde.

2. Die Verfassung des Großen Japanischen Reichs (sog. Meiji-Verfassung) wurde dagegen von 1889 bis zur gänzlichen Ersetzung durch die geltende Verfassung von 1946 in *keinem einzigen* Wort verändert. In der Präambel der Meiji-Verfassung ist der Hinweis des Kaisers auf die Stellung der Reichsverfassung als „unantastbarer Kodex", als „wichtiger Kodex der ewigen Unveränderbarkeit" festgehalten, der damals bei der Auslegung zur Begründung für das strikte Verbot der Außerkraftsetzung bzw. Ersetzung der Verfassung herangezogen wurde. Der Artikel 73[2] der Meiji-Verfassung, der das Änderungsverfahren normiert, ist allerdings der Beweis dafür, dass eine Verfassungsänderung keinesfalls katego-

1 Feiervortrag gehalten am 2. März 2011.

2 Art. 73 der Meiji-Verfassung von 1889: „Wird in Zukunft eine Änderung der Bestimmungen dieser Verfassung notwendig, so soll durch Thronverordnung ein entsprechender Entwurf dem Reichsparlament zur Beratung überwiesen werden. In diesem Falle kann die Beratung in jedem Haus nur eröffnet werden, wenn mindestens zwei Drittel seiner Mitglieder anwesend sind. Die Änderung kann nur mit einer Mehrheit von mindestens zwei Drittel der anwesenden Mitglieder beschlossen werden". Über die Meiji-Verfassung siehe das wahrscheinlich einzige auf Deutsch geschriebene und in Japan veröffentlichte Buch von *Shinichi Fujii*, Japanisches Verfassungsrecht, Tokyo, ca. 1940. Siehe auch *Takii Kazuhiro*, The Meiji Constitution, übersetzt aus dem Japanischen ins Englische von David Noble, International House of Japan, 2007.

risch ausgeschlossen war. Trotzdem wurde die Verfassung tatsächlich niemals geändert; es gab nicht einmal ansatzweise den Versuch dazu.

3. In diesem Zusammenhang ist es meiner Ansicht nach äußerst interessant, dass das GG in diesen 60 Jahren seit 1949 trotz der besonderen Entstehungshintergründe so oft geändert worden ist. Dieser Unterschied zwischen Deutschland und Japan kann offensichtlich *nicht* damit erklärt werden, dass die Verfassungsänderung, verglichen mit der Abänderung einfacher Gesetze, wesentlich erschwert ist (sog. Starrheit der Verfassung). Denn abgesehen von der Volksabstimmung, die bei der Japanischen Verfassung neben dem Parlamentsbeschluss noch erforderlich ist, ist sowohl beim Grundgesetz (Art. 79 GG) als auch bei der Japanischen Verfassung (Art. 96 JV[3]) ein qualifiziertes Gesetzgebungsverfahren mit dem entsprechenden Mehrheitserforderniss vorgesehen.

II. Zur Diskussion über die Verfassungsänderung in Japan bis heute

1. Seit dem Inkrafttreten der Japanischen Verfassung4 am 3. Mai 1947 blieben die Diskussionen um die Verfassungsänderung in der staatsrechtlichen Lehre über 40 Jahre lang, abgesehen von vereinzelten Stimmen, die noch immer von der Ungültigkeit der japanischen Verfassung ausgingen, eher ohne große Beachtung. Ein Grund dafür scheint mir die Diskussion um Art. 9 JV gewesen zu sein, der „den Verzicht auf den Krieg“ (Abs. 1) und „die Nicht-Unterhaltung von Land-, See- und Luftstreitkräften sowie anderen Kriegsmitteln“ (Abs. 2) normiert. Nach der Gründung der polizeilichen Reservetruppe 1950 infolge des Koreakrieges und ihrem späteren Ausbau zur Selbstverteidigungstruppe (auf Japanisch: „Dschieitai“), waren die Widerstände gegen alle Anstöße zur Verfassungsänderung besonders massiv, da solche Anstöße stets dahingehend interpretiert wurden, man wolle letztlich Art. 9 antasten. Aus diesem Grund ist die Dis-

3 Zu der unten zitierten deutschen Übersetzung der Artikel der Japanischen Verfassung von 1946 siehe *Wilhelm Röhl*, Die Japanische Verfassung. Die Staatsverfassungen der Welt, Bd. 4, Alfred Metzner Verlag, 1963. Teilweise sind sie jedoch vom Berichterstatter umgeschrieben. Zur Verfassungsänderung siehe auch *Reinhard Neumann*, Änderung und Wandlung der Japanischen Verfassung, Schriftenreihe Japanisches Recht, Bd. 12, Carl Heymanns Verlag, 1982.

4 Art. 96 JV: „(1) Eine Änderung dieser Verfassung bedarf der Initiative des Parlaments mit Zustimmung von mindestens zwei Dritteln aller Mitglieder in jedem Hause; die Änderung ist dem Volk vorzuschlagen und bedarf dessen Zustimmung. Für die Zustimmung des Volkes ist erforderlich, dass bei einer besonderen Volksabstimmung oder bei einer vom Parlament bestimmten Wahl mehr als die Hälfte der abgegebenen Stimmen die Verfassungsänderung befürworten.
(2) Liegt die Zustimmung zu der Verfassungsänderung gemäß Abs. 1 vor, verkündet der Tenno im Namen des Volkes unverzüglich die Änderung als einen Bestandteil dieser Verfassung“.

kussion um die Änderungsfähigkeit der Verfassung stets mit der Verteidigungsfrage verknüpft worden. Darauf soll hier aber im Einzelnen nicht näher eingegangen werden.

2. Nach dem Ende des Kalten Kriegs in den 90er Jahren des letzten Jahrhunderts haben die Tätigkeiten der japanischen Selbstverteidigungstruppe im Rahmen der Friedenseinsätze der Vereinten Nationen (PKO) als Beitrag für den Weltfrieden internationale Anerkennung gefunden und wurden wegen ihrer wichtigen Bedeutung für den Weltfrieden auch von der japanischen Bevölkerung immer mehr akzeptiert. Analog ist die Diskussion um die Verfassungsänderung allmählich ausgereift und stellt heute keine Tabuthema mehr dar.

Die Liberal-Demokratische Partei (LDP), ein alter Befürworter der Verfassungsänderung, hat seit langem angeführt, dass die in der Nachkriegszeit unter dem starken Druck der Alliierten (insbesondere der USA) entstandene Verfassung zur Gänze abgeändert und durch eine autonom vom japanischen Volk selbst geschriebene Verfassung ersetzt werden sollte. Dennoch wurde dem Parlament bisher kein Änderungsentwurf vorgelegt, weil der Antrag für die obligatorische Volksabstimmung erst dann gestellt werden kann, wenn zwei Drittel der Abgeordneten in beiden Kammern zugestimmt haben (Art. 96 JV). Inzwischen sind sich die aktuelle Regierungspartei, die Demokratische Partei (DP), und die KOHMEI-Partei darüber einig, dass die Verfassung zumindest partiell geändert werden soll. Somit sind wir nach 60 Jahren zum ersten Mal seit dem Inkrafttreten der Verfassung in der Lage, eine Verfassungsänderung konkret und realistisch in Aussicht stellen zu können. Allerdings ist die DP zur Zeit mit den verschiedenen zu erledigenden innen- und außenpolitischen Angelegenheiten so beschäftigt, dass sie gar nicht in der Lage ist, die Frage der Verfassungsänderung im Nationalparlament zur Debatte zu stellen. Die Kommunistische Partei Japans (KPJ) und die Sozialdemokratische Partei (SDP) sind darüber hinaus schon von Anfang an gegen eine Verfassungsänderung.

III. Verfassungsänderungen in Deutschland vs. Gesetzesnovellierungen in Japan

1. Im Zusammenhang mit der Änderung des GG fällt auf, dass einige der Reformvorhaben für dieselben Sachthemen in Deutschland und Japan unterschiedlich implementiert worden sind: Nämlich in Deutschland durch Verfassungsänderungen und in Japan durch den Erlass neuer Gesetze bzw. Novellierung der bestehenden Gesetze. Während z.B. in Deutschland im Rahmen der Reformen der damaligen Bundeseisenbahnen durch die 40. GG-Änderung vom 20. Dezember 1993 u. a. Art. 73, 74, 80 und 87 GG geändert und Art. 87e, 106a und 143a neu eingefügt wurden, ergab sich in Japan bei der Privatisierung der Japanischen Staatseisenbahn keine Notwendigkeit, die Verfassung zu ändern. Ähnliches gilt für die Privatisierung vom Post- und Fernmeldewesen: In Deutschland wurden nämlich durch die 41. Verfassungsänderung vom 8. Juli 1994 Art. 73, 80 und 87 wiederum abgeändert und Art. 87f und 143b neu hinzugefügt. Früher waren auch in Japan die Post- und Fernmeldebetriebe staatlich. Das Telekom-Unternehmen wurde jedoch ohne Verfassungsänderung privatisiert und auch die Privatisierung des Postwesens wurde nur auf der Ebene der einfachen Gesetze vollzogen.

2. Zur Frage, warum sich solch unterschiedliche Vorgehensweisen zwischen Deutschland und Japan ergeben, sind meines Erachtens folgende Erklärungen denkbar:

(a) *Erstens* hat das GG wesentlich mehr Artikel, die meistens auch bis ins Detail determiniert sind. Beispielsweise sind Regelungen wie die der Art. 12a, 13, 23, 29, 74 oder 106 GG in Japan als Verfassungsbestimmungen überhaupt nicht denkbar. Die Japanische Verfassung ist sowohl hinsichtlich der Anzahl der Artikel, als auch hinsichtlich der Länge der einzelnen Artikel unvergleichbar kurz gefasst. Materiell-rechtlich gehören diese Sachthemen in Japan normalerweise zum Gegenstand der einfachen Gesetze.

(b) Dahinter stehen natürlich *zweitens* die Umstände, dass Deutschland unter diesem GG der Bundesstaatlichkeit verpflichtet ist und dass die Kompetenzverteilung zwischen Bund und Ländern einen wesentlichen Bestandteil der Verfassungssystematik darstellt. Wenn eine politische Reform die Verschiebung der Kompetenzen zwischen Bund und Ländern zur Folge hätte, müsste die deutsche Verfassung jedes Mal entsprechend geändert werden. Vor allem bei den obengenannten Reformvorhaben im Post- und Fernmeldewesen sowie bei den Eisenbahnen war die Verfassungsänderung also unabdingbar. In diesem Punkt unterscheidet sich Deutschland deutlich von Japan, weil Japan kein Bundesstaat ist. Entsprechend weniger umfassend fällt dementsprechend der Regelungsinhalt aus, der unbedingt in einer Verfassung niedergelegt werden muss.

3. Nach Art. 20 Abs. 2 GG wird „alle Staatsgewalt ... durch besondere Organe der Gesetzgebung, der vollziehenden Gewalt und der Rechtsprechung ausgeübt". Die Japanische Verfassung kennt keine vergleichbare gewaltenteilende Bestimmung. Vielmehr finden sich in ihr folgende gesonderte Bestimmungen: „Das Nationalparlament als das höchste Organ der Staatsgewalt ist das einzige Gesetzgebungsorgan des Staates." (Art. 41 JV). „Für die vollziehende Gewalt ist das Kabinett zuständig." (Art. 65 JV). „Alle rechtsprechende Gewalt liegt bei den Gerichten." (Art. 76 JV). Somit werden die drei Staatsgewalten jeweils von unabhängigen Staatsorganen wahrgenommen. Diese Bestimmungen bilden das Gewaltenteilungssystem. Die japanische Methode, die Staatsfunktionen in verschiedenen Organen aufzuteilen und zur Vorbeugung des Machtmissbrauchs gegenseitig abzugrenzen, kann als *horizontales* Gewaltenteilungssystem bezeichnet werden. Das Zweikammersystem in der Gesetzgebung, das auch auf eine gegenseitige Kontrolle abzielt, stellt in diesem Sinne ebenfalls ein horizontales Gewalteilungssystem dar. In Deutschland ist es allerdings fraglich, ob das Verhältnis zwischen dem Bundestag und dem Bundesrat tatsächlich dem eines Zweikammersystems entspricht.

Auf jeden Fall ist zumindest im Bereich der sog. Zustimmungsgesetze die Gleichwertigkeit der Beschlüsse von Bundestag und Bundesrat (Art. 77 und 78) sichergestellt, sodass hier meines Erachtens von einem horizontalen Gewaltenteilungssystem gesprochen werden kann.

Hingegen können das föderative Verhältnis zwischen Bund und Ländern bzw. das Verhältnis zwischen Land und Gemeinden in der Landesorganisation als sozusagen *vertikales* Gewaltenteilungssystem bezeichnet werden. Im Bundesstaat Deutschland sind die Verfassungsbestimmungen über diese vertikale Gewaltenteilung besonders ausführlich abgefasst. Nicht zuletzt angesichts der besonderen Funktionen des Bundesrats wird die Änderung mehrerer Verfassungsregelungen notwendig, wenn man das bundesstaatliche System reformieren will, wie es z.B. bei der Änderung des GG am 28. August 2006 der Fall war.

4. In der Japanischen Verfassung sind im Zusammenhang mit der *vertikalen* Gewaltenteilung im obengenannten Sinne bloß vier Artikel über die lokale (oder regionale) Selbstverwaltung enthalten, deren detaillierte Determinierung wiederum den einfachen (Rahmen-)Gesetzen, u. a. dem Gesetz über die lokale Selbstverwaltung, überlassen ist.

In Japan wurde durch das umfassende DezentralisierungsG von 1999 die lokale Selbstverwaltung weitgehend reformiert. Dies geschah unter dem Grundsatz, dass der Staat möglichst viele Aufgaben durch die lokalen Gebietskörperschaften erledigen lassen sollte. Dadurch wurde der Begriff des „(an die regionalen Organe) übertragenen Wirkungsbereiches“ im Sinne der Besorgung der staatlichen Aufgaben durch regionale Oberhäupter in der Funktion der Staatsorgane abgeschafft und durch den „gesetzlich einzelermächtigten Wirkungsbereich“ (auf Japanisch: „Hōtei-Jutaku-Jimu“) ersetzt und damit gegenüber dem eigenen Wirkungsbereich verkleinert. Im gesetzlich einzeln übertragenen Wirkungsbereich der staatlichen Verwaltung kann der Staat aber trotz der Zuständigkeit der Präfekturen durch Weisungen und Aufsichtsmittel sein besonderes Interesse wahrnehmen, wenn dem Staat für bestimmte Materien die Sicherstellung einer besonders sorgfältigen Handhabung notwendig erscheint. Auf jeden Fall wurde selbst diese grundlegende Reform nicht durch eine *Verfassungsänderung*, sondern durch die Novellierung eines *einfachen Gesetzes* (Gesetz über die lokale Selbstverwaltung) vollzogen.

Die Gründe für diesen Unterschied liegen meines Erachtens in folgenden Punkten: In Deutschland haben die Länder und die Gemeinden bereits *vor* der gesamtdeutschen Vereinigung als deutsches Reich existiert. Diesen Körperschaften wurde die Selbstverwaltungsbefugnis schon *vor* dem Erlass der Verfassung zugesprochen. Damit wurde diese Kompetenz der Gemeinde auch ins neue Verfassungsgesetz übertragen. Mit Art. 28 Abs. 2 GG, wonach den Gemeinden das Recht gewährt werden muss, alle Angelegenheiten der örtlichen Gemeinschaft im Rahmen der Gesetze in eigener Verantwortung zu regeln, bestätigt das GG die Rechte der ursprünglich autonom entstandenen und bestehenden Gemeinschaften.

Hingegen hat Japan nie eine vergleichbare historische Grundlage für die lokalen Gebietskörperschaften gehabt. Die Selbstverwaltungsbefugnis wurde vielmehr durch die Japanische Verfassung neu geschaffen. Ihre Existenz rührt daher aus dem Staatsrecht selbst, oder anders gesagt, den lokalen Selbstkörperschaften ist eine von der Staatsmacht abgeleitete Befugnis verliehen. Dies kann man dahingehend interpretieren, dass der Staat (als einfacher Gesetzgeber) innerhalb der verfassungsmäßig verankerten „Grundidee der lokalen Selbstverwaltung"[5] (Art. 92 JV) das Selbstverwaltungssystem in Japan durch einfache Gesetze reformieren darf. Die Forderung nach Abschaffung der Präfekturen und Neueinführung der größeren Verwaltungseinheiten in der Provinz, wie etwa ein Land für die Kinki- oder die Tokai-Region, ist mit diesemVerständnis von Selbstverwaltung begründet. Allerdings wird in der Lehre teilweise auch der Standpunkt vertreten, dass den regionalen Selbstkörperschaften diese eigene Befugnis nicht abgenommen werden darf, weil ihnen eine *vor*konstitutionelle, ursprünglich eigene Kompetenz zusteht.

Andererseits wird in der Verfassungsänderungsvorlage der LDP vorgeschlagen, den Inhalt des 1999 novellierten Gesetzes für die regionale Selbstverwaltung in der neuen Verfassung zu verankern. Nach der bisher herrschenden Meinung wäre es allerdings überflüssig, die durch einfache Gesetze regelbaren Materien neu in die Verfassung aufzunehmen.

Daher sind meines Erachtens die Verfassungsänderungen nur dort erforderlich, wo es nicht möglich ist, dem bestehenden Reformbedarf durch einfache Gesetze gerecht zu werden.

IV. Konkrete Inhalte der Vorschläge über die Verfassungsänderung

Nun soll anhand der bereits vorliegenden Vorschläge für die neue Verfassung erörtert werden, welche konkreten Reformen zur Diskussion stehen.

5 Art. 92 JV: „Die Angelegenheiten bezüglich der Organisation und des Betriebs der öffentlichen Präfekturgemeinden werden in Übereinstimmung mit dem Zweck lokaler Selbstverwaltung durch Gesetz geregelt".

1. Vorschlag der totalen Verfassungsänderung vom YOMIURI- Zeitungsverlag

(a) Zuerst wird hier der Vorschlag der YOMIURI-Zeitung angeführt. Die YOMIURI-Zeitung, der größte Zeitungsverlag mit einer Auflage von 10 Millionen Zeitungen pro Tag, hat schon seit längerem seine Vorstellung für eine neue Verfassung öffentlich gemacht und so mehr oder weniger die Diskussionen um die Verfassungsänderung beeinflusst. Nach mehreren Revisionen steht der aktuelle Vorschlag seit 2004 fest. Dieser Entwurf setzt die fast völlige Neufassung der geltenden Verfassung voraus. Im Grundrechtsbereich beispielsweise sind auch bemerkenswerte Erneuerungen vorgesehen, wie etwa die Persönlichkeitsrechte, das Informationsrecht in Anlehnung an Art. 5 GG und das Umweltrecht.

(b) Der wahrhaft innovative Charakter dieses Konzeptes steckt aber vielmehr in den Bestimmungen über die Staatsorgane:

Dort wird nämlich die funktionelle Differenzierung zwischen Ober- und Unterhaus beabsichtigt. Zum Beispiel soll der Ministerpräsident nach diesem Entwurf „aus der Mitte der Abgeordneten des *Unterhauses* durch den Beschluss des *Unterhauses*“ gewählt werden, während die geltende Verfassung die Wahl aus der Mitte der Parlamentarier (also der Abgeordneten der beiden Kammern) durch Beschluss des Parlaments (also der beiden Kammern) vorsieht (Art. 67 JV[6]). Ähnlich geht dieser Entwurf auch bei anderen Kammerkompetenzen vor, wie etwa beim Anklagegericht für das Amtsenthebungsverfahren des Richters, dem nicht mehr die Abgeordneten beider Häuser, wie in der geltenden japanischen Verfassung der Fall ist (Art. 64 JV[7]), sondern nur die Mitglieder des *Oberhauses* angehören sollen, oder beim Vorrecht des *Oberhauses*, über die Besetzung von wichtigen Beamtenposten zuerst zu beraten und zu beschließen bzw. sich gegen eine andere Entscheidung des Unterhauses durchsetzen zu können. (Art. 73 Abs. 1 JV).

Im Zusammenhang mit dem GG ist auch der Vorschlag zur Neuerrichtung eines japanischen Verfassungsgerichtshofs von besonderem Interesse. Nach der

6 Art. 67 JV: „(1) Der Ministerpräsident wird durch Beschluss des Parlaments aus der Mitte der Parlamentsmitglieder benannt. Diese Benennung erfolgt mit Vorrang vor allen anderen Geschäften.
(2) Treffen das Unterhaus und das Oberhaus voneinander abweichende Beschlüsse über die Benennung und wird auch nicht gemäß gesetzlicher Bestimmung durch einen gemeinsamen Ausschuss beider Häuser eine Einigung erzielt oder beschließt das Oberhaus nicht binnen zehn Tagen — ohne Einrechnung des Zeitraums der Sitzungspausen — nach dem Benennungsbeschluss des Unterhauses über die Benennung, so gilt die Entscheidung des Unterhauses als Entscheidung des Parlaments“.

7 Art. 64 JV: „(1) Das Parlament errichtet aus Mitgliedern beider Häuser ein Anklagegericht zur Entscheidung in Fällen von Richtern, gegen die ein Verfahren auf Entlassung aus dem Amt eingeleitet worden ist.
(2) Einzelheiten über die Anklage werden durch Gesetz bestimmt“.

Auslegung des japanischen Obersten Gerichtshofes (OGH) bzgl. Art 81[8] der geltenden Verfassung steht nicht nur dem OGH, sondern allen Gerichten die Kompetenz zu, Gesetze, Verordnungen und Regelungen auf ihre Verfassungsmäßigkeit zu prüfen[9]. Nach dem Konzept der YOMIURI-Zeitung (Art. 94 JV) soll der Verfassungsgerichtshof die ausschließliche Kompetenz für die Verfassungsmäßigkeitsprüfung von Rechtsnormen einschließlich internationaler Verträgen erhalten, sowohl im Sinne der abstrakten Normenkontrolle gem. Art. 93 Abs. 1 Nr. 2 GG als auch im Sinne der konkreten Normenkontrolle gem. Art. 100 GG. Die Urteile des Verfassungsgerichtshofes sollen außerdem gegenüber den staatlichen Organen bzw. gegenüber den regionalen Gebietskörperschaften verbindlichen Charakter haben (Art. 95 JV). Der OGH würde nach diesen Vorstellungen außerhalb des Zuständigkeitsbereichs des Verfassungsgerichtshofes die Stellung als Höchstinstanz behalten. Dieser Vorschlag ist offensichtlich in Anlehnung an das deutsche System konzipiert worden. In Japan wird der Verfassungsgerichtshof jedoch nicht mit 8 Richtern, sondern mit 9 Richtern (8 Richtern + einem Präsidenten) ausgestattet. Hier ist der Einfluss des US-amerikanischen *Supreme Court* zu erkennen. Für die beiden Senate des deutschen Bundesverfassungsgerichts ist die gerade Anzahl von jeweils 8 Richtern bekanntlich bewusst gewählt, um eine eindeutige Mehrheit erreichen zu können.

In diesem Entwurf ist außerdem die Änderung der Bestimmungen über das Verfassungsänderungsverfahren (Art. 96) enthalten. In der japanischen Lehre gibt es seit jeher gegensätzliche Meinungen über die Abänderbarkeit des Verfassungsänderungsverfahrens durch Änderung der Verfassung selbst. Dieser Vorschlag nimmt insofern einen bejahenden Standpunkt ein.

Die anderen Medienunternehmen haben bisher noch keine Konzeption in vergleichbar vollständiger Form wie die YOMIURI-Zeitung vorgelegt.

2. Der Vorschlag einer Totalrevision der geltenden Verfassung von der LDP (2005)

Die LDP, die seit den 50er Jahren den Erlass einer eigenständigen Verfassung anstrebt, hat bisher noch keinen diesbezüglichen Antrag in das Parlament einge-

8 Art. 81 JV: „Der Oberste Gerichtshof ist das Gericht der letzten Instanz mit der Befugnis, darüber zu entscheiden, ob jedes Gesetz, jede Verordnung, Regelung oder Maßnahme verfassungsmäßig ist oder nicht".

9 Zur Entstehungsgeschichte des Art. 81 JV, siehe *Masanori Shiyake*, Die amerikanischen Einflüsse auf das System der richterlichen Verfassungskontrolle in der Japanischen Verfassung, in: B. Diestelkamp u. a. (Hrsg.), Zwischen Kontinuität und Fremdbestimmung. Zum Einfluss der Besatzungsmächte auf die deutsche und japanische Rechtsordnung 1945 bis 1950,. Deutsch-japanisches Symposion in Tokio vom 6. bis 9. April 1994, J. C. B. Mohr, Tübingen 1996, S. 315 ff.

bracht. Hier soll es daher um den aktuellsten und zugleich wichtigsten Verfassungsgesetzesentwurf der Partei vom 22. November 2005 gehen.

Dieser Entwurf der LDP spricht von einer „Totalrevision“ der geltenden Verfassung, jedoch kann man anhand der Ausdrucksweise in den Überschriften bzw. in der Präambel von einer Neufassung des geltenden Verfassungsgesetzes ausgehen. Aus zeitlichen Gründen werden hier nur einige charakteristischste Punkte kurz dargestellt, ohne auf die Details der einzelnen Artikel einzugehen.

(a) Änderung des Art. 9 JV

Zuerst ist die schon lange anhängige Frage des Art. 9[10] anzusprechen. Wie bekannt, ist die Verfassungsmäßigkeit der schon 1954 errichteten Selbstverteidigungstruppe seit längerem umstritten. Im Entwurf der LDP wurde Abs. 1 des Art. 9 beibehalten. Abs. 2 wurde gestrichen, um ihn durch einen neuen Artikel 9a zu ersetzen. Dort wird die heutige Selbstverteidigungstruppe ausdrücklich als „Selbstverteidigungsstreitkraft“ bezeichnet. In Abs. 1 desselben Artikels wird ein neuer Satz eingefügt, der lautet: „Um den Frieden und die Unabhängigkeit unseres Staates sowie die Sicherheit des Staates bzw. des Volkes zu gewährleisten, ist mit dem Ministerpräsidenten als oberstem Befehlshaber die Selbstverteidigungsstreitkraft zu unterhalten“. Gleichzeitig sieht Art. 9a eine ausdrückliche Verfassungsbestimmung über die PKO-Einsätze vor (Abs. 3), die derzeit nur im Selbstverteidigungstruppen-Gesetz begründet ist: „Die Selbstverteidigungsstreitkraft darf nach gesetzlicher Vorgabe neben dem Bereich des Abs. 1 auch in international koordinierten Aktivitäten für die Friedens- und Sicherheitserhaltung der internationalen Staatengemeinschaft sowie in Aktivitäten für die Erhaltung der öffentlichen Ordnung im Notzustand bzw. zum Schutz des Lebens und der Freiheit des Volks tätig werden“.

10 Art. 9 JV: „(1) Im aufrichtigen Streben nach einem auf Gerechtigkeit und Ordnung gegründeten, internationalen Frieden verzichtet das japanische Volk für alle Zeiten auf den Krieg, als ein souveränes Recht der Nation, und die Androhung oder Ausübung von militärischer Gewalt, als ein Mittel zur Lösung internationaler Streitigkeiten.
(2) Zur Erreichung des Zwecks des Absatzes 1 werden Land-, See- und Luftstreitkräfte sowie andere Kriegsmittel nicht unterhalten. Ein Kriegsführungsrecht des Staates wird nicht anerkannt“.

(b) Änderungsvorschlag im Gebiete der Grundrechte

Im Kapitel der Grundrechte werden neben kleinen Detail-Änderungen einige neue Bestimmungen eingefügt, wie z.B. der Schutz personenbezogener Daten (Art. 19a), die Aufklärungs- und Informationspflicht des Staates (accountability) über staatliche Handlungen gegenüber dem Volk (Art. 21a) sowie zum immateriellen Güterrecht (Art. 29 Abs. 2). Darüber hinaus wird eine Staatszielbestimmung zum Umweltschutz ergänzt, sodass es in Art. 29 Abs. 2 n. F. dann heißen würde: „Der Staat hat für die Erhaltung der gesunden Natur zu sorgen, damit das Volk voll in den Genuss der schönen Umwelt kommen kann". Hier findet sich eine deutliche Parallele zu Art. 20a GG.

Nach bisheriger herrschender Meinung über den Schutz der personenbezogenen Daten war das Recht auf Privatsphäre wohl in Art. 13 JV[11] mit eingeschlossen. Die LDP zielte mit dem folgenden Satz ausdrücklich auf eine deutlichere Abgrenzung ab: „Von niemandem werden die personenbezogenen Daten ungerechtfertigt erfasst, gehalten oder genutzt".

(c) Die Änderungsvorschlag des Art. 20 Abs. 3 JV

Auch Art. 20 Abs. 3 der geltenden JV, der im Zusammenhang mit dem Verhältnis von Staat und Religion „die religiöse Betätigung" des Staates sowie dessen Organen im Allgemeinen verbietet[12], soll abgeändert werden. In der neuen Fassung würde er lauten: „Der Staat bzw. die öffentlichen Körperschaften haben sich über die Grenze der gesellschaftlichen Konventionen bzw. Bräuche hinaus der religiösen Erziehung und jeder anderen Art religiöser Betätigung zu enthalten, welche religiöse Bedeutungen haben und für eine bestimmte Religion Unterstützung, Anregung oder Förderung, aber auch Unterdrückung bzw. Intervention darstellen können". Damit versucht dieser Entwurf den Bereich der verpönten religiösen Tätigkeiten einzugrenzen, indem er eine Rechtsprechung des OGH (RS Tsu-Jichinsai, OGH-E des Großen Senates vom 13. Juli 1977) wörtlich übernimmt.

11 Art. 13 JV: „Jeder Bürger wird als Einzelpersönlichkeit geachtet. Das Recht eines jeden Bürgers auf Leben, Freiheit und Verfolgung seines Glücks ist, soweit es nicht dem allgemeinen Wohl entgegensteht, bei der Gesetzgebung und den anderen Angelegenheiten der Staatsführung als oberster Grundsatz zu achten".

12 Art. 20 Abs. 3 JV: „Der Staat und seine Organe haben sich der religiösen Erziehung und jeder anderen Art der religiösen Betätigung zu enthalten".

(d) Neueinführung der Bestimmung für die Verankerung von politischen Parteien

Neben den bereits beschriebenen Veränderungen hält der Entwurf der LDP an anderer Stelle wie im Bereich des Regierungssystems ausdrücklich an den bereits in der Judikatur bzw. Lehre geltenden Verfassungsinterpretationslinien fest. Im Zusammenhang mit der Freiheit der Gründung politischer Parteien bzw. der politischen Tätigkeiten generell wird beispielsweise die Definition der politischen Partei als „Verband" im Sinne des Art. 21 Abs. 1 JV im neuen Art. 64a ausdrücklich beibehalten. So lautet Art. 64a Abs. 1 des Entwurfs: „Der Staat hat sich angesichts der Wichtigkeit der politischen Partei als unerlässliches Element der parlamentarischen Demokratie um die Fairness ihrer Tätigkeiten bzw. ihre gesunde Entwicklung zu bemühen". Absatz 2 legt fest: „Die Freiheit der politischen Tätigkeiten von politischen Parteien ist nicht einzuschränken".

(e) Absage an die Einführung eines Verfassungsgerichts

Im Kapitel über die Gerichtsbarkeit ist, abweichend vom Vorschlag des oben erläuterten YOMIURI-Zeitungsverlags, keine entsprechende Erneuerung vorgesehen. Zur Konzeption des Verfassungsgerichtshofes in Anlehnung an das deutsche BVerfG gibt es in Japan schon seit langem Pro- und Contra-Meinungen. Die YOMIURI-Zeitung nimmt hier die Rolle des Befürworters ein und die LDP vertritt einen eher ablehnenden Standpunkt. Neu ist aber, dass im Entwurf der LDP stattdessen im Zusammenhang mit der Reform des Art. 9 ein *Militärgericht* vorgesehen ist. So bestimmt Art. 73 Abs. 3 des Entwurfs: „Ein Militärgericht für die Rechtsprechung über die militärischen Angelegenheiten wird nach gesetzlicher Vorgabe als untere Instanz eingerichtet".

3. Die Stellungnahmen anderer Parteien gegenüber dem Vorschlag der LDP

Die anderen Parteien stehen dem LDP-Entwurf kritisch gegenüber, vor allem weil sie entweder gegen die Verfassungsänderung als solche sind (JKP, SPJ), oder weil sie bloß kleinere Korrekturen an der geltenden Verfassung vorziehen (KOHMEI-Partei). Derzeit liegt kein alternativer Entwurf aus dem parteipolitischen Spektrum Japans vor. Die jetzige Regierungspartei, die Demokratische Partei (DP), veröffentlichte am 31. Oktober 2005 punktuelle Kommentare als „Beitrag zur Verfassung", die jedoch nicht als Novellierungsgesetz verfasst worden sind. Es gibt zwar noch einige persönliche Entwürfe zur Verfassungsänderung, z.B. vom früheren Ministerpräsidenten Yukio Hatoyama, die jedoch überwiegend nur teilweise Änderungen vorschlagen.

4. Die verschiedenen Änderungskonzepte und Stellungnahmen von der Wissenschaftswelt

Die Lehre hat zu den einzelnen Artikeln verschiedene Änderungskonzepte entwickelt. Was die Grundrechte betrifft, so steht die Lehre – abgesehen von kleinen Ausnahmen der neuen Rechte wie u.a. des Umweltrechts – der Änderung eher negativ gegenüber.

Im Zusammenhang mit der Verfassungsmäßigkeitsprüfung ist schon seit langem heftig umstritten, ob insbesondere zum OGH ein der deutschen abstrakten Normenkontrolle ähnlicher Rechtsweg eingeführt werden sollte. *Einerseits* wird behauptet, dass die Legitimierung einer solchen abstrakten Normenkontrolle ohne Verfassungsänderung, also nur durch die Änderung des Gerichtsverfassungsgesetzes, möglich sei. *Andererseits* wird darauf hingewiesen, dass die Anerkennung der Kompetenz des OGHs zur abstrakten Normenkontrolle ohne Verfassungsänderung gegen Art. 76 JV[13] verstoßen würde. Es wird auch vorgeschlagen, dem OGH die bisherige, letztinstanzliche Kompetenz in zivil-, straf- und verwaltungsrechtlichen Sachbereichen weiterhin zuzuerkennen und die Kompetenz zur Überprüfung der Vereinbarkeit staatlichen Handelns mit der Verfassung dem neu zu gründenden Verfassungsgerichtshof zu überlassen.

Auch im Bereich der Zuständigkeitsverteilung zwischen den beiden parlamentarischen Kammern gibt es verschiedene Anregungen. Sie reichen *erstens* über die Wahl des Ministerpräsidenten (es wird diskutiert, ob er, wie im Vorschlag der YOMIURI-Zeitung, aus der Mitte der Abgeordneten des Unterhauses gewählt werden soll), *zweitens* über die Ernennung der Richter (hier ist umstritten, ob ein Zustimmungserfordernis des Oberhauses eingeräumt werden soll) und *schließlich* über das Wahlsystem (hier wird diskutiert, ob ein völlig anderes Wahlsystem für das Oberhaus konzipiert werden muss, um die unterschiedlichen Aufgaben im Vergleich zum Unterhaus zu verdeutlichen).

5. Gesetz über die Volksabstimmung bei der Verfassungsänderung

Zuletzt soll die nach Art. 96 JV vorgesehene Volksabstimmung behandelt werden. Anders als im GG, muss die Verfassungsänderungsvorlage gemäß Art. 96 JV nach der Antragstellung und der darauf folgenden Beschlussfassung im Parlament mit Zustimmung von mindestens zwei Dritteln aller Mitglieder in jedem Hause noch durch die Mehrheit der abgegebenen Stimmen des Volkes bei einer

13 Art. 76 JV: „(1) Alle rechtsprechende Gewalt liegt bei einem Obersten Gerichtshof und den nach gesetzlicher Bestimmung errichteten unteren Gerichten.
(2) Sondergerichte dürfen nicht errichtet werden. Kein Organ der Verwaltung kann in letzter Instanz die Rechtsprechung ausüben".

besonderen Volksabstimmung oder bei einer vom Parlament bestimmten Wahl befürwortet werden. In diesem Punkt sind zumindest teilweise Bezüge zur italienischen oder französischen Verfassungstradition zu erkennen. Seit langem wurde keine Regelung zum Verfahren bei der Volksabstimmung erlassen. Erst 2007 ist ein „Gesetz über das Verfahren der Änderung der Japanischen Verfassung" zustande gekommen. Es ist bemerkenswert, dass bei dieser Volksabstimmung jeder Japaner, der das achtzehnte Lebensjahr vollendet hat, abstimmen darf (anders als bei den Wahlen zum nationalen Parlament oder den Volksvertretungen in den regionalen Selbstverwaltungskörperschaften; hier liegt das Wahlalter bei 20). Das Gesetz ist am 18. Mai 2010 in Kraft getreten, auch wenn es so bald keine Anwendung finden wird.

Ich hoffe, dass ich hiermit den gegenwärtigen Diskussionsstand zur Verfassungsänderung in Japan in groben Zügen darstellen konnte.[14]

14 Über die Diskussion und Praxis der Japanischen Verfassungsänderung siehe noch *Koji Tonami*, Die Theorie und Praxis der Verfassungsänderung in Japan, in: *Rainer Wahl* (Hrsg.), Verfassungsänderung, Verfassungswandel, Verfassungsinterpretation. Vorträge bei deutsch-japanischen Symposien in Tokio 2004 und Freiburg 2005, Schriften zum Öffentlichen Recht, Band 1104, Duncker & Humblot, 2008, S. 147 ff. und *Toru Mori*, Ein rechtsvergleichender Kommentar über Verfassungsänderung – Japan aus der Sicht der deutschen Staatsrechtslehre, in: A. a. O., S. 183 ff.

Staat und Religion in Japan[1]

I. Einleitung

Es wird noch heute des Öfteren darauf hingewiesen, dass dem religiösen Glauben der Japaner im Allgemeinen die Verehrung ihrer Vorfahren zu Grunde liegt. Dies ist zwar nicht ganz unrichtig, doch möchte ich hierzu ergänzend feststellen, dass neben einer solchen Vorfahrenverehrung heute noch viele Japaner durch die animistische Vorstellung geprägt werden, dass alle natürlichen Phänomene einen übernatürlichen Ursprung haben. Darüber hinaus kann man sagen, dass die überlieferten landwirtschaftlichen Rituale, die in erster Linie im Schintoismus wurzeln, den meisten Japanern eine fundamentale Grundlage für ihren Alltag geben.

II. Ein Überblick über die Entstehungsgeschichte der größeren Religionen in Japan

1. Der Schintoismus in seiner primitiven Form bestand vom späten 6. bis ins frühe 7. Jh. in erster Linie in der Verehrung der lokalen Gottheit, nämlich des Schutzgottes der Sippe. Insbesondere wurden die Schutzgötter der fürstlichen Familien, sowie die der größeren Sippen nach und nach als Staatsgottheit betrachtet. Nachdem der antike japanische Staat, der etwa am Anfang des 8. Jh. gegründet worden war und aus einer zentralistischen Herrschaftsgewalt bestand, auf Grund des uralten Gesetzbuches (Ritsu-Ryo) regiert worden war, wurden die überlieferten Sitten in die religiösen Systeme integriert und systematisiert.

2. Der Buddhismus wurde in der Mitte des 6. Jh. aus China über Korea nach Japan eingeführt, wo er sich vom 8. bis zur Mitte des 17. Jh. zu verschiedenen buddhistischen Konfessionsgruppen entwickelte.

Später, ab dem Ende des 8. Jh., begann sich der Synkretismus aus Schintoismus und Buddhismus heraus zu entwickeln. Bis zum Ende des 12. Jh. entstanden verschiedene Schinto-Gruppen.

3. In der früheren Meiji-Ära nach 1867 wurden der Schintoismus und der Buddhismus wieder getrennt und die Schinto-Schreine wurden unter die Kontrolle des Staates gestellt. Nach der Meji Restauration entstanden sowohl Religionsgemeinschafen, die die Berge als Gottheiten verehrten, als auch diverse andere Religionsgemeinschaften, welche offiziell als die „13 schintoistischen Gruppen" anerkannt wurden.

1 Vortrag gehalten am 12. Juli 2010.

4. Das Christentum wurde im Jahr 1549 durch einen spanischen Missionar namens *Francisco Xavier* (1506-52) erstmals nach Japan gebracht. Es wurde allerdings auf Grund strenger Verbote und grausamer Unterdrückungen durch das Schogunat bis zum Ende der Edo-Periode (1867) fast gänzlich ausgelöscht. Doch gab es insbesondere auf den Inseln in KYUSHU noch kleinere Gruppen, die sogenannten »Kakure-Kirishitan« (übersetzt: „Sich-verbergende-Christen"), die selbst unter solch widrigen Bedingungen selbständig, also ohne eine Kirche oder einen Missionar, ihren, aus dem katholischen Glauben fortentwickelten Glauben beharrlich ausübten. Vermutlich existieren heute noch etwa 20.000 Gläubige, die an dieser Überlieferung festhalten.

Nachdem sich Japan am Ende der Schogunat-Ära gegenüber dem Westen geöffnet hatte, kamen viele Missionare diverser christlicher Konfessionen nach Japan. Auch wenn die Meiji-Regierung am Anfang das Christentum noch verbot, gab sie letztendlich der starken Kritik seitens der internationalen öffentlichen Meinung nach und beschloss stillschweigend die Verbreitung des Christentums zu tolerieren. So kam es dazu, dass die Missionare der größeren christlichen Konfessionen, wie z.B. die der römisch-katholischen Kirche, der kalvinistischen Kirche, der lutherischen Kirche, der methodistisch-evangelischen Kirche sowie der anglikanischen Kirche usw. unter der Meji-Regierung ihren Glauben unter das japanische Volk brachten. Zur erneuten Unterbindung des christlichen Glaubens kam es erst wieder unter dem nationalistisch-militaristischen Einfluss, insbesondere seit den 1930er Jahren bis zum Ende des Zweiten Weltkrieges. Darauf werde ich später noch näher eingehen (unter III.).

5. Neben diesen drei wohlbekannten Religionen haben in der modernen Ära viele andere Religionen und Konfessionsgruppen überlebt[2]. Natürlich bestanden und bestehen noch heute in Japan außer dem Schintoismus, Buddhismus und Christentum sehr viele verschiedene Religionen und Konfessionsgruppen. Im Folgenden möchte ich aber nicht über die gegenwärtige Lage der Religionen in Japan im Allgemeinen sprechen, sondern mich vielmehr auf rechtliche und insbesondere verfassungsrechtliche Probleme beschränken.

III. Staat und Religion in der Meiji-Verfassung von 1889

Die alte Japanische Verfassung, d.h. die „Verfassung des Kaiserreichs Groß-Japan" von 1889, die sogenannte „Meiji-Verfassung", bestimmt im Art. 28 die

2 Zur Geschichte der Entwicklung der Religionen und Konfessionsgruppen in Japan siehe „A Overview of the Religious Corpolation System in Japan" vom *Committee for Research of Situation of Religions in Foreign Countries under the auspices of Agency for Cultural Affairs*, Kyoto University, Graduate School of Law, Kyoto, 2005.

Religionsfreiheit in folgender Weise: „Jeder Untertan Japans genießt die Freiheit des Religionsbekenntnisses, sofern er dadurch nicht die öffentliche Ruhe und Ordnung stört und sofern er nicht den Pflichten eines Untertanen widerstreitet.“[3] Diesem Wortlaut nach sollten alle Untertanen uneingeschränkte Bekenntnisfreiheit genießen, was aber in der Realität beträchtlich eingeschränkt wurde.

Der Jinja-Schintoismus wurde nämlich nicht zuletzt auf Grund des „Gesetzes über die Religionsgesellschaften“ (1939) anders behandelt als die anderen Religionsgesellschaften, wie z.B. der Kyōha-Schintoismus, Buddhismus und das Christentum usw. Der Schintoismus wurde sozusagen als „Staatsreligion“ angesehen. Er hatte eine besondere Stellung in der staatsrechtlichen Ordnung. Gemäß dem oben genannten Religionsgesellschaften-Gesetz stellte der Jinja-Schintoismus, anders als sonstige Religionsgesellschaften, keine Religionsgesellschaft dar. Die allgemeinen Religionsgesellschaften lagen in der Zuständigkeit des Kultusministeriums (dessen heutige Bezeichnung lautet „Ministerium für Bildung, Kultur, Sport, Wissenschaft und Technologie“). Ihre Tätigkeiten waren Gegenstand der religionsbezogenen Verwaltung, während nur der Jinja-Schintoismus in der Zuständigkeit des damaligen Innenministeriums stand. Den Untertanen stand die Religionsfreiheit nur insoweit zu, als deren Ausübung weder „die öffentliche Ruhe und Ordnung stört, noch den Pflichten eines Untertanen widerstreitet“. Insbesondere in der Shōwa-Periode (ca. seit 1930) sollen die öffentlichen Beamten und Angestellten, später selbst auch das allgemeine Volk, dazu verpflichtet worden sein, an den in den öffentlichen Anstalten stattfindenden Jinja-schintoistischen Feierlichkeiten bzw. Riten teilzunehmen. Dies wurde mit dem berühmten Satz gerechtfertigt, dass „Jinja (d.h. der Schintō-Schrein) keine Religion ist“, d.h.: Der Jinja-Schintō wurde rechtstechnisch als dem Begriff der „Religion“ nicht zugehörig angesehen. So wurden die Minderheitsreligionen und –konfessionsgruppen und die in der Mitte des 20. Jh. neuentstandenen Religionen durch die Meiji-Verfassung von 1889 unterdrückt.

IV. Die Religionspolitik des Oberkommandos der Alliierten gegenüber Japan in der Zeit unmittelbar nach dem Zweiten Weltkrieg

Nach der Kapitulation, d.h. unmittelbar nach dem Ende des zweiten Weltkrieges, wurde Japan, genauso wie Deutschland, unter die Kontrolle der Besatzungsarmee des Alliierten Hauptquartiers gestellt. Von Oktober bis Dezember 1945 wurden eine Reihe von Verordnungen und Anweisungen gegenüber der japani-

3 Die jap. Übersetzung des Artikels der Meiji-Verfassung nach *Toshiyoshi Miyazawa*, „Verfassungsrecht (Kempō)“, übersetzt, bearbeitet und herausgegeben von *Robert Heuser* und *Yamasaki Kazuhide*, Carl Heymanns Verlag KG, Köln/Berlin/ Bonn/ München, 1986, S. 292.

schen Regierung erteilt. Durch die Verordnung des Oberkommandos der Alliierten vom 4. Oktober 1945 mit dem Titel „Memorandum betr. die Beseitigung der Beschränkungen der politischen, gesellschaftlichen und religiösen Freiheiten" wurde die japanische Regierung angehalten, jede Rechtsvorschrift zu beseitigen oder nicht anzuwenden, die versucht, die Freiheit der Gedanken, der Religion, der Versammlung sowie der Meinungsäußerung und der Rede einzuschränken oder gar aufzuheben. Hierunter fiel auch das oben genannte „Gesetz über die Religionsgesellschaften". Auch die am 15. Dezember 1945 erteilte Verordnung des Oberkommandos der Alliierten an die japanische Regulierung mit dem Titel „Über die Abschaffung von Garantie, Unterstützung, Erhaltung, Aufsicht und Verbreitung des Staats- und Schrein-Schintoismus" schaffte im großen und ganzen die oben erwähnte Sonderstellung des Schreins ab, der damals in der Wirklichkeit noch als „Staatsreligion" galt. Dies hatte zur Folge, dass auch der Schintō zu einer privaten Religion (wie das Christentum, der Buddhismus usw.) wurde.

Darüber hinaus wurde es durch das am 28. Dezember 1945 erlassene Edikt namens „Verordnung über die juristischen Religionskörperschaften" fast völlig frei gestellt, eine Religionsgesellschaft als juristische Person zu gründen. Aus diesem Anlass sind sehr viele neue Religionsgesellschaften als juristische Personen errichtet worden. Nach dem Inkrafttreten der Japanischen Verfassung von 1946 wurde 1951 das Gesetz über die Religionskörperschaften erlassen. Aufgrund dieses Gesetzes wurde auch der Schrein-Schinto lediglich zu einer schlichten Religionskörperschaft.

V. Zahl der Religionsgesellschaften in Japan

Statistiken belegen, dass die Zahl der juristischen Religionskörperschaften von 1946 bis 1949, also gerade mal innerhalb von vier Jahren drastisch zunahm und schon Ende 1949 die Gesamtzahl der juristischen Religionskörperschaften auf über 180.000 gestiegen war. Diese Zahl hat sich bis heute kaum verändert. Nach der neuesten jährlichen Statistik der „Agency for Cultural Affairs", d.h. der Unterorganisation des „Ministeriums für Bildung, Kultur, Sport, Wissenschaft und Technologie" beträgt die Gesamtzahl der Religionskörperschaften etwa 182.000. Darunter sind etwa 85.300 schintoistische, etwa 77.500 buddhistische, 4.300 christliche und etwa 15.000 sonstige Religionskörperschaften. Dazu kommen natürlich noch ziemlich viele verschiedene Religionsgemeinschaften, die nicht als juristische Person gegründet worden sind. Der Hauptgrund, warum so viele Religionsgemeinschaften den Status einer juristischen Person haben wollen, liegt wahrscheinlich darin, dass sie ähnlich wie die privaten Schulkörperschaften und die sozialen Wohlfahrtseinrichtungen aufgrund der Vorschriften der verschiedenen Gesetze (wie z.B. Einkommensteuerrecht, Körperschaftsteuerrecht usw.)

steuerliche Vergünstigungen bekommen können, obwohl sie eigentlich keine gemeinnützige juristische Personen sind. Es gibt aber natürlich auch einige Religionskörperschaften, denen nach dem „Gesetz betreffend die Religionskörperschaften“ ihre juristische Persönlichkeit genommen wurde oder genommen werden kann, und zwar auf Grund ihrer Tätigkeiten, die „die gesetzlichen Vorschriften verletzen, gegen das Allgemeinwohl verstoßen, oder die beachtlich von dem Zweck einer Religionsgemeinschaft abweichen“ (§81 des ReligionskörperschaftsG). In der Tat wurde im Oktober 1995 einer Religionskörperschaft namens »Ohmu-Shinrikyoh«, die 1989 als Rechtskörperschaft gebilligt worden war, durch den Beschluss des Präfekturgerichts Tokyo ihre juristische Persönlichkeit entzogen. Auch der Oberste Gerichtshof Japans bestätigte durch seinen Beschluss vom 30. Januar 1996 den Beschluss der unteren Instanzen (OGHE [Zivilsachen], Bd. 50, H. 1, S. 199).

VI. Die Bestimmungen der Japanischen Verfassungsgesetze über die Religion und die Religionsgesellschaften

1. Art. 20 und 89 JV

1. Die Geschichte des Zeitalters unter der Meiji-Verfassung bis 1945 erwägend, setzt die Japanische Verfassung (JV) vom 3. November 1946 die Glaubens- und Religionsfreiheit in folgender Weise fest:

„Artikel 20

(1) Die Freiheit des religiösen Bekenntnisses wird gewährleistet. Keine religiöse Gesellschaft darf vom Staat mit Sonderrechten ausgestattet werden oder politische Macht ausüben.

(2) Niemand darf gezwungen werden, an religiösen Handlungen, Festen, Feiern oder Veranstaltungen teilzunehmen.

(3) Der Staat und seine Behörden haben sich der religiösen Erziehung und jeder anderen Art religiöser Tätigkeit zu enthalten“.

Im Begriff „Staat“ sind übrigens auch die regionalen Selbstverwaltungskörperschaften mit eingeschlossen.

Zwar enthält der Art. 20 Abs. 1 S. 1 JV eine in vielen modernen Verfassungen wiederkehrende Unterart der Gedanken- und Gewissensfreiheit; abgesehen davon aber beziehen sich die sonstigen Vorschriften des Art. 20 JV offensichtlich auf die obengenannte Unterdrückung des staatlich geförderten und als Mittel des nationalen Bekenntnisses ausgenutzten Schintoismus[4]. Die Japanische Verfassung wollte deshalb „Staat und Religion", genauer gesagt, „Staat und Religionsgesellschaften" gänzlich voneinander trennen (im Folgenden: „Trennungsgrundsatz") und die Religionen wieder zu einer völlig *privaten* Sache machen. Hier liegt einer der größeren Unterschiede zwischen Deutschland und Japan: Denn nach Art. 140 GG in Verbindung mit Art. 137 Abs. 5 WRV bleiben die Religionsgesellschaften „Körperschaften des öffentlichen Rechts, soweit sie solche bisher waren". Auch „anderen Religionsgesellschaften sind auf ihren Antrag gleiche Rechte zu gewähren, wenn sie durch ihre Verfassung und die Zahl ihrer Mitglieder die Gewähr der Dauer bieten".

2. Auch unter dem Grundgesetz der Bundesrepublik Deutschland (Art. 140 GG i. V. m. Art. 137 Abs. 1 WRV) gibt es zwar keine „Staatskirche", aber zwischen Staat und Religionsgesellschaften bestehen in einigen Punkten bestimmte Partnerschaften. Nicht zuletzt sind „die Religionsgesellschaften, welche Körperschaften des öffentlichen Rechts sind, berechtigt, auf Grund der bürgerlichen Steuerlisten nach Maßgabe der landesrechtlichen Bestimmungen Steuern zu erheben" (Art. 140 GG i. V. m. Art. 137 Abs. 6 WRV). Die Partnerschaft zwischen dem Staat und den Religionsgesellschaften erweist sich auch darin, dass „der Religionsunterricht in den öffentlichen Schulen mit Ausnahme der bekenntnisfreien Schulen ein ordentliches Lehrfach ist" (Art. 7 Abs. 3 S. 1 GG).

Natürlich findet man, auch in den deutschen Länderverfassungen einige Ausnahmen. Ein typisches Beispiel ist die Bremer Verfassung vom 21. Oktober 1947, deren Art. 59 die Trennung der Kirchen und Religionsgesellschaften vom Staate bestimmt. Für das Schulwesen ist der „Grundsatz der Duldsamkeit" vorgegeben und „der Lehrer hat in jedem Fach auf die religiösen und weltanschaulichen Empfindungen aller Schüler Rücksicht zu nehmen". Auch die Hessische Verfassung vom 1. Dezember 1946 enthält für das Schulwesen ähnliche Bestimmungen (Art. 56 Abs. 3). Es ist sehr interessant, dass im Art. 32 der Bremer Verfassung merkwürdigerweise geregelt ist, dass die allgemeinbildenden öffentlichen Schulen Gemeinschaftsschulen sind, und zwar „mit bekenntnismäßig nicht gebundenem Unterricht in biblischer Geschichte auf allgemein christlicher Grundlage". Dies ist sicherlich der Anlass für die sog. Bremer Klausel des Art. 141 GG[5]. Auch Art. 50 Abs. 2 der Verfassung des Landes Hessen ist für mein

4 So *Wilhelm Röhl*, „Die Japanische Verfassung", Die Staatsverfassungen der Welt in Einzelausgaben, hrsg. v. der Forschungsstelle für Völkerrecht und Ausländisches Öffentliches Recht der Universität Hamburg, Bd. 4, Alfred Metzner Verlag, Frankfurt am Main/Berlin, 1963, S. 104.

5 Siehe hierzu *von Campenhausen / de Wall*, Staatskirchenrecht, 4. Aufl., 2006, S. 41 ff. und S. 210 ff. Ob die sog. Bremer Klausel auch auf das Land Brandenburg anwendbar ist, war von theoretischem Interesse, aber diese Frage wurde im Verfahren gegen das brandenburgische Schulgesetz durch das Urteil des Bundesverfassungsgerichts endgültig entschieden (BVerfGE 104, 305; 106, 210 ff.; Vgl. a. a. O., S. 212):

Thema interessant. Dieser gebietet, dass sich wie der Staat auch die Kirchen, Religions- und Weltanschauungsgemeinschaften, „jeder Einmischung in die Angelegenheiten des anderen Teiles zu enthalten“ haben. Doch bildet dieser Trennungsgrundsatz beider Landesverfassungen jedenfalls in Deutschland eine seltene Ausnahme. Insbesondere zeigen (anders als die Verfassung des Landes Hessen) die Verfassungen von Bayern (1947) und von Rheinland-Pfalz (1947), die auch (wie die Verfassungen von Bremen und Hessen) vor dem Inkrafttreten des Grundgesetzes (1949) zustande gekommen sind, eine starke Berücksichtigung der Verfassungsziele der christlichen Kirchen. Die Verfassung von Rheinland-Pfalz bestimmt darüber hinaus in Art. 41: „Die Kirchen sind anerkannte Einrichtungen für die Wahrung und Festigung der religiösen und sittlichen Grundlagen des menschlichen Lebens“.

3. In diesem Zusammenhang ist noch die Bestimmung des Art. 20 Abs. 3 JV zu erwähnen, wonach „der Staat und seine Behörden sich der religiösen Erziehung und jeder anderen Art religiöser Betätigung zu enthalten haben“. Eine Vervollständigung der staatlichen Laizität bezweckt ebenfalls Art. 89 JV, wonach es untersagt ist, „jegliche öffentlichen Gelder oder anderes öffentliches Vermögen religiösen Organisationen oder Gesellschaften zum Gebrauch, Nutzen oder zur Unterhaltung zu überlassen oder für ihre Verwendung bereitzustellen“. Auf einige prominente Fälle, die den „Trennungsgrundsatz“ in der Japanischen Verfassung betreffen, werde ich etwas später noch eingehen. (Siehe unten VIII 3.)

2. Gesetzesbestimmung über die (religiöse) Erziehung

Wie auch Art. 9 Abs. 2 des alten Erziehungsgrundgesetzes von 1947 bestimmt das am 22. Dezember 2006 in Kraft getretene neue Erziehungsgrundgesetz in Art. 15 Abs. 2: „Die vom Staat und den öffentlichen Gebietskörperschaften errichteten Schulen dürfen keinen Religionsunterricht und keine andere religiöse Tätigkeit für ein bestimmtes Bekenntnis betreiben“. Allerdings bedeutet dies nicht, dass sich der japanische Staat zu einer Art „Atheismus“ bekennt. Abs. 1 desselben Gesetzes schreibt vielmehr vor: „Auf eine tolerante Haltung in religiösen Fragen, auf eine allgemeine Bildung über die Religion, sowie auf die Stel-

Durch das dritte Gesetz zur Änderung des brandenburgischen Schulgesetzes vom 10. 7. 2002 wurde schließlich sichergestellt, dass niemand, der am Religionsunterricht teilnehmen kann und will, und diesen Unterricht an Stelle des Unterrichtsfachs LER besuchen möchte, gegen seinen Willen an dem LER-Unterricht teilnehmen muss“. Dies war aber für das Land Brandenburg lediglich eine Kompromisslösung. Auch der Verfasser schrieb zu diesem Problem einen Aufsatz (auf Japanisch), „Der Anwendungsumfang der sog. Bremer Klausel – die neue Entwicklung des Religionsunterrichts seit der Wiedervereinigung Deutschlands“, in: *Kyoto Law Review*, Bd. 144 (1999), Heft 4/5/6, S. 66 ff.

lung der Religion im gesellschaftlichen Leben ist im Unterricht Bedacht zu nehmen". Es steht außer Zweifel, dass Art. 20 Abs. 3 JV und die oben zitierte Vorschriften des Erziehungsgrundgesetzes nur für die öffentlichen Schulen gelten. In Japan bestehen schon seit langem sehr viele Privatschulen und Privatkindergärten, unter denen die meisten durch Religionsgesellschaften errichtet worden sind. Die religiösen Unterweisungen in solchen Privatschulen, wie auch in den Familien, gehören zu der in Art. 20 Abs. 1 Satz 1 JV gewährleisteten Freiheit. Auch das wissenschaftliche Studium der Religionen an den Hochschulen ist zwar als Ausübung der akademischen Freiheit durch Art. 23 JV geschützt, aber anders als in Deutschland, wo noch heute zahlreiche theologische Fakultäten bestehen[6]. Obwohl das Grundgesetz selbst diese Institutionen nicht erwähnt und gerade die Vorschrift der Weimarer Reichsverfassung (Art. 149 Abs. 3: „Die theologischen Fakultäten an den Hochschulen bleiben erhalten") ausnahmsweise nicht über Art. 140 in das GG übernommen wurde, ist es verfassungsrechtlich verboten, in einer öffentlichen Universität eine theologische Fakultät zu errichten. Es gibt jedoch ziemlich viele Privatuniversitäten, an denen christliche, schintoistische und buddhistische Fakultäten existieren.

VII. Die Statistik über die religiösen Bekenntnisse im heutigen Japan

Was die statistische Verteilung der japanischen Bevölkerung nach ihren religiösen Bekenntnissen betrifft, so kann in Japan ein sehr bemerkenswertes synkretistisches Phänomen beobachtet werden: Denn auf der einen Seite sind, nach der Statistik der obengenannten „Agency for Cultural Affairs" (Stand: 31. 12. 2007), von der gesamten Bevölkerung Japans etwa 105.800.000 Schintoisten, etwa 89.500.000 Buddhisten, 2.140.000 Christen und 9.080.000 sonstige Gläubige. Wenn man diese Zahlen addiert, dann existieren im Ganzen etwa 206.600.000 Gläubige! Das ist sehr seltsam, weil Japan nur etwa 127.000.000 Einwohner hat. Auf der anderen Seite sollen, nach einer vom Zeitungsverlag YOMIURI im August 2005 durchgeführten Meinungsumfrage über die religiösen Bekenntnisse, 75% der japanischen Bevölkerung geantwortet haben, sie seien religionslos und nur 23% der Bevölkerung sollen geantwortet haben, sie würden an irgendeine

6 Nach *Gerhard Czermak*, Religion und Weltanschauung in Gesellschaft und Recht. Ein Lexikon für Praxis und Wissenschaft, 2009, S. 368, gab es in Deutschland 13 staatliche katholische Fakultäten, davon sechs in Bayern. Von den 19 evangelischen Fakultäten (Stand 2008) sind 13 in Westdeutschland und sechs in Berlin bzw. Ostdeutschland. Hinzu kommt bei beiden Konfessionen eine größere Zahl von staatlich-universitären theologischen Instituten und Lehrstühlen.

Religion glauben. Der Prozentsatz der religiösen Bevölkerung soll seit 1979 um 11% abgenommen haben.[7]

Was bedeutet dieses Ergebnis? *Erstens*: Für den allgemeinen Japaner ist das Bewusstsein der Angehörigkeit zu irgendeinem Bekenntnis im Großen und Ganzen ziemlich schwach. Anders als die Christen in Japan, geht das japanische Volk nicht jeden Sonntag in die Kirche, in den Tempel, oder in den Schrein usw. Das bedeutet gleichwohl nicht, dass der durchschnittliche Japaner zur Göttlichkeit oder zu sonstigen transzendenten Gegebenheiten eine ablehnende Haltung hat. Von dem religiösen Verhalten vieler Japaner ergibt sich vielmehr das Phänomen der sogenannten synkretistischen Handlung. Nicht alle freilich, aber dennoch viele Japaner gehen z.B. nach der Geburt eines Kindes in irgendeinen Schrein, um dem Kind ein glückseliges und wohles Leben zu wünschen; am Neujahrstag gehen sie in einen Schrein oder einen buddhistischen Tempel, um zu wünschen, dass das kommende neue Jahr ein glückvolles Jahr sein wird; viele Japaner, insbesondere die jüngeren Generationen feiern ihre Hochzeit in der christlichen Kirche bzw. vor den in Hotels eingerichteten christlichen Altären, oder gar in einer christlichen Kirche im Ausland, wie in Hawaii, Guam, Tahiti usw.; bei einem Todesfall aber halten sie zumeist eine buddhistische Trauerfeier und nach der Leichenverbrennung werden die Knochenreste des Verstorbenen im buddhistischen Tempel beigesetzt. Hier sieht man deutlich, dass die Japaner im Allgemeinen keinesfalls atheistisch eingestellt sind, aber sich auch nicht einer bestimmten Religion verbunden fühlen.

Zweitens: In Japan braucht man bei der Wohnsitzanmeldung keine Mitglied- bzw. Anhängerschaft zu irgendeiner Religion oder Konfession anzugeben, da es in Japan kein Kirchensteuersystem gibt. Die obengenannte Statistik über Mitglieder bzw. Anhänger einer Religionsgemeinschaft bzw. Konfessionsgruppe basiert demnach nicht auf einer offiziellen Liste des Staates, sondern lediglich auf Daten der einzelnen Religionskörperschaften über die angebliche Gesamtzahl ihrer eigenen Mitglieder. Dabei geben wahrscheinlich die Schinto-Schreine und die buddhistischen Tempel einfach die Gemeindemitgliederzahl ihrer Ortschaft abzüglich der christlichen Gläubigen an, so dass die Zahl erheblich höher ausfällt, als wenn sie nur die tatsächlich angemeldeten Mitglieder angeben würden.

Diese innere Haltung des japanischen Volkes (zu religiösen Bekenntnissen keine klare Stellung zu nehmen) mag zum Teil negativ aufgefasst werden, aber sie hat doch auf der anderen Seite einen bestimmten Vorzug: Man könnte diese

7 Zu der zusammenfassenden Statistik über die Mitglieder in Deutschland, siehe *Gerhard Robbers*, Staat und Kirche in der Bundesrepublik Deutschland, in: Ders. (Hrsg.), Staat und Kirche in der Europäischen Union, 1. Aufl. 1995, S. 61 ff. und im einzelnen siehe auch *Gerhard Czermak*, a. a. O., S. 299.

Haltung als eine Art „Toleranz" gegenüber anderen Bekenntnissen bezeichnen[8]. In der japanischen Vergangenheit hat man, nicht wie es in der europäischen Geschichte, beim Mittelalter angefangen, über das Zeitalter des Bauernkriegs und die Zeit *Martin Luther*s bis hin zur Neuzeit der Fall war, fast keine Erfahrung mit sogenannten Religionskriegen gehabt, in denen die Menschen sogar mit Blutsverwandten wegen der Verschiedenheit ihrer Bekenntnisse gestritten haben.

Es gibt einige religiöse Minderheiten (wie z.B. die Christen) bzw. die Kritiker und Gegner des Jinja-Shintoismus, die sich insbesondere seit der Zeit vor dem Zweiten Krieg und teilweise bis heute noch gegen das enge Verhältnis des Jinja-Schintoismus zum Staat, bzw. dessen damalige Stellung als Staatsreligion wenden. Diese sind besonders auf die strikte Trennung von Religion und Staat bedacht. Darin liegt wohl auch der Grund, warum diese gegen Gouverneure bzw. Bürgermeister oder auch gegen Ministerpräsidenten gerichtlich vorgingen. Und zwar mit der Behauptung, dass deren Handlungen verfassungswidrig seien, weil diese gegen den Trennungsgrundsatz verstoßen würden, wenn diese Verstöße aufgrund der Tradition der schintoistischen Zeremonie von den Handelnden möglicherweise nur unbewusst begangen worden waren. Dies möchte ich später noch anhand einiger typischer Beispiele erläutern (unten VIII 3).

VIII. Beispiele für Streitfälle, die die verfassungsrechtlichen Probleme der Religion betreffen

1. Die Zuständigkeit für Streitigkeiten innerhalb einer Religionsgesellschaft

Nach dem japanischen Justizwesen sollen alle rechtlichen Streitigkeiten unter der Jurisdiktion der ordentlichen Gerichte stehen. Es werden auch viele verschiedene Streitigkeiten innerhalb einer Religionsgemeinschaft vor die Gerichte gebracht, wobei es sich meist um Nachfolgestreitigkeiten innerhalb einer Religionskörperschaft oder eines Tempels handelt. Manchmal aber sind solche Streitigkeiten ihrer Natur nach eigentlich rein religiös, sodass sie von den Gerichten deswegen zurückgewiesen werden, weil solche Streitigkeiten vor Gericht, als eine rein profane Instanz, rechtlich, also unter Anwendung irgendwelcher Gesetzesvorschriften, nicht endgültig gelöst werden können. Zwar gibt es natürlich auch in diesem Problemkreis einige interessante Fälle, aber darauf will ich hier nicht im Einzel-

8 Das Prinzip Toleranz ergibt sich auch aus dem Gesamtsinn des Grundgesetzes: Nach einem Urteil des Bundesverfassungsgerichts äußert sich in der Religionsfreiheit die „Wertentscheidung der Verfassung für Toleranz als einem tragenden Prinzip der freiheitlichen Demokratie" (BVerfGE 35, 23 [32]). Vgl. *Jutta Limbach*, Das Prinzip Toleranz, in: *Wolfgang Schultheiss* (Hrsg.), Zukunft der Religionen, 2003, S. 77 ff.

nen eingehen; ich möchte den Gegenstand meines Berichts nur auf die aus meiner Sicht relevanten *Rechts*streitigkeiten beschränken.

2. Einige Fälle, die die Religionsfreiheit betreffen

Nun zeige ich zunächst die im Zusammenhang mit der Religionsfreiheit interessanten Fälle auf. Dabei werde ich jedoch die Urteilsbegründung des jeweiligen Falles nur zusammenfassend erläutern.

1. Pfarrer Taneya-Fall – Urteil des Kobe-Kan'i Saibansho (unterste Rechtsinstanz in Japan) v. 20. Februar 1975, Hanrei-Jihō, H. 768, S. 3.

Im Oktober 1970 hatte ein Pfarrer des Evangelischen Verbands Japans zwei Oberschülern von jeweils etwa 17 Jahren, die von der Polizei wegen eines Einbruchs in ein Gebäude und wegen Vorbereitung einer bewaffneten Versammlung verfolgt wurden, eine Woche lang absichtlich in der Erziehungsanstalt der Kirche Zuflucht gewährt. Er wurde wegen des Verbergens von Straftätern angeklagt. Das Gericht hat ihn aber von einer Strafe freigesprochen, weil seine Tat als ein Teil der seelsorgerlichen Tätigkeit in der konkreten Situation als durchaus angemessen angesehen werden konnte, da es die Aufgabe eines Pfarrers sei, einen Gläubigen auf Abwegen wieder auf den „rechten Weg" zurückzuführen. Seine Tathandlung sei daher gerechtfertigt gewesen und als Ausübung seiner religiösen Handlungsfreiheit vom Art. 20 Abs. 1 JV verfassungsrechtlich gewährleistet. Übrigens meldeten sich die Oberschüler inzwischen freiwillig bei der Polizei. Da der Staatsanwalt bei diesem Fall kein höheres Gericht anrief, wurde das oben erwähnte Urteil rechtskräftig, ohne von den oberen Instanzen nachgeprüft zu werden. Das Urteil wird in der juristischen Fachliteratur oft erwähnt und zumeist eher positiv bewertet.

2. Sonntagsunterricht-Fall – Urteil des Präfekturgerichts Tokyo v. 20. 3. 1986, Hanrei-Jihō, H. 1185, S. 67.

Dieser Fall betraf das Erziehungsrecht eines verheirateten Elternpaares, die als christlicher Pfarrer sowie Hilfspfarrer zusammen mit ihren zwei Kindern gegen einen Grundschuldirektor Klage erhoben. Es ist in den japanischen Grund- und Mittelschulen gängig, dass die Schule ein- oder zweimal pro Jahr an einem Sonntag einen spezifischen Sonntagsunterricht durchführt, damit sich die Eltern ansehen können, wie ihre Kinder in der Klasse lernen. Sonst wäre es den berufstätigen Eltern fast unmöglich, die Unterrichtssituation ihrer Kinder in der Schule zu besichtigen. Die betreffenden Kinder und deren Eltern waren bei dem Sonntagsunterricht abwesend, um an der Sonntagsschule der Kirche teilzunehmen, mit der Folge, dass sie als „abwesend" behandelt wurden. Die Kläger behaupteten, dass die Durchführung des Sonntagsunterrichts die Religionsfreiheit der Kinder und ihrer Eltern beeinträchtigt. Sie forderten die Behandlung als „abwesend" als rechtswidrig festzustellen und aufzuheben. Das Präfekturgericht Tokyo wies aber die Klage als unbegründet ab, weil der Sonntagsunterricht nur einmal im Jahr durchgeführt wird und die Maßnahme des Grundschuldirektors, der den Kindern im Gegenzug zum Sonntagsunterricht einen anderen Werktag freigab, auch auf Grund der Rechtsvorschriften als verhältnismäßig anzusehen war. Auch dieses Urteil wurde rechtskräftig, ohne von den oberen Instanzen nachgeprüft zu werden.

3. Die Zeugen Jehovas-Fall – Urteil des Obersten Gerichtshofes (OGH) v. 29. 2. 2000, OGHE [Zivilsache], Bd. 54, H. 2, S. 582.

Die Patientin (Klägerin), ein Mitglied der Zeugen Jehovas, kam in das Krankenhaus der Universitätsklinik Tokyo mit einem bösartigen Tumor, in der Hoffnung, sich einer Operation ohne Bluttransfusion unterziehen zu können. Obwohl sie dem Arzt mitgeteilt hatte, dass sie auf Grund ihres religiösen Glaubens in keinem Fall eine Blutübertragung mit sich bringende Operation über sich ergehen lassen kann, übertrug der Arzt letztendlich der Klägerin Blut, weil er überzeugt davon war, dass er keine andere Wahl habe. Der OGH hat der Klägerin das Recht eingeräumt, auf Grund ihrer religiösen Überzeugung nach ihrem eigenen Willen entscheiden zu dürfen, d.h. ärztliche Behandlungen, die eine Blutübertragung erfordern, abzulehnen. Dies sei ein wesentlicher Teil des Persönlichkeitsrechts. In der Klinik existierten interne Richtlinien, die besagten, dass bei Mitgliedern der Zeugen Jehovas Operationen soweit wie möglich ohne Blutübertragung vorzunehmen seien. Falls aber das Leben des Patienten von einer Bluttransfusion abhängig sein sollte, müsse diese vorgenommen werden, egal ob der Patient bzw. seine Familie eingewilligt hat oder nicht. Nach dem Urteil des OGH hätte die Klinik in diesem Fall die Verantwortung gehabt, die Richtlinien der Patientin vor der Operation zu erklären. Sie hätte dazu auch genügend Zeit gehabt, da die Patientin bereits etwa einen Monat vor der Operation ins Krankenhaus kam. Nach Erläuterung der Richtlinie hätte die Patientin selber entscheiden können, ob sie in dieser Klinik operiert werden will oder nicht. So entschied der OGH, dass das Krankenhaus für die Versäumung der Pflicht, der Patientin über die Richtlinien vollständig aufzuklären, vollumfänglich hafte.

4. Ablehnung der Leibesübung des Stockfechtens-Fall – Urteil des OGH v. 8. 3. 1996, OGHE [Zivilsache], Bd. 50, H. 3, S. 469.

Dieser Fall betrifft einen Schüler der öffentlichen technisch-berufsbildenden Oberschule in KOBE, der die Teilnahme an der Leibesübung des Stockfechtens verweigerte; auch der betreffende Oberschüler war ein Mitglied der Zeugen Jehovas. Er lehnte es auf Grund seines religiösen Glaubens ab, in der Leibesübung des Stockfechtens unterrichtet zu werden. Dies hatte zur Folge, dass er schließlich aufgrund der Schulregelung der Schule verwiesen wurde. Der Oberschüler erhob gegen diese Verfügung des Oberschuldirektors eine Anfechtungsklage, mit der Behauptung, dass die Verfügung seine Religionsfreiheit und das Recht, in der Schule zu lernen, verletze. Der OGH unterstützte die Entscheidung des Berufungsgerichts OSAKA und entschied, dass der Oberschuldirektor durch diese

Verfügung seinen Ermessensbereich widerrechtlich überschritten habe. Der OGH begründete sein Urteil wie folgt: Das Stockfechten sei für das Erziehungsziel der technisch-berufsbildenden Oberschulen kein unentbehrlicher Kurs, so dass das Ausbildungsziel der Leibesübung ihrer Natur nach auch mit Alternativen, wie z.B. mit der Absolvierung anderer Leibesübungen, möglich sei. Hätte der Oberschuldirektor den Schüler eine alternative Leibesübung angeboten, hätte dies weder gegen den Trennungsgrundsatz verstoßen noch die religiöse Neutralität der öffentlichen Ausbildung verletzt.

3. Einige Fälle, die den Trennungsgrundsatz betreffen

Alle oben (**2.**) erläuterten Beispiele sind entweder Strafsachen, in denen ein christlicher Pfarrer als Verbrecher angeklagt wurde oder Zivilprozesse, die von einem christlichen bzw. quasi-christlichen Kläger veranlasst wurden. Hierbei handelte es sich also um religiöse Minderheiten in Japan. Natürlich gibt es auch einige interessante Fälle, die Buddhisten oder Mitglieder sonstiger religiöser Gruppen betreffen. Zwar ist die Anzahl der die Japanische Verfassung betreffenden Fälle, die die Religion, insbesondere den Trennungsgrundsatz behandeln, im Vergleich zu Fällen aus anderen Rechtsbereichen relativ groß, doch möchte ich mich hier nur auf einige wenige, besonders wichtige Fälle beschränken.

1. Grundstückseinweihungs-Fall – Urteil des großen Senats des OGH v. 13. 7. 1977, OGHE [Zivilsache] Bd. 31, H. 4, S. 533.

Da dieser Fall der sog. *leading case* im Gebiet dieses Problemfeldes ist, möchte ich diesen ausführlicher darstellen.[9] Im Januar 1965 veranstaltete der Beklagte, der damals das Amt des Bürgermeisters der Stadt TSU (der Hauptstadt der Präfektur MIE) innehatte, für die Grundsteinlegung (auf Japanisch: »kikōshiki«) einer städtischen Sporthalle eine Weihzeremonie (auf Japanisch: »jitchinsai«) nach schintoistischem Brauch an der Baustelle, wobei der Bürgermeister als Bauherr an der Grundstückseinweihung teilnahm und die für die Zeremonie benötigten Kosten (Honorar für den Priester und Ausgaben für Opferbeigaben) in Höhe von 7.663 Yen aus öffentlichen Geldern der Stadt deckte. Der Kläger, der damals Stadtverordneter und zur Zeremonie eingeladen war, erhob gegen den Bürgermeister eine Klage in Form einer verwaltungsrechtlichen Schadenersatzklage, und zwar mit der Behauptung, dass die Deckung der Ausgaben für die Ze-

9 Zu diesem Fall in seinen Einzelheiten siehe „Japanische Entscheidungen zum Verfassungsrecht in deutscher Sprache“, Hrsg. v. *Peter Marutschke* u. a., Japanisches Recht: Japanische Rechtsprechung; Bd. 1, 1998, S. 259 ff. (Übersetzt von *Junichi Murakami*). Im Folgenden ist zum Teil aus dieser Übersetzung zitiert. In diesem Band ist auch noch eine deutsche Übersetzung eines anderen Falles bezüglich dieses Berichts enthalten, S. 286 ff. („Jieikan-Gōshi-Fall.).

remonie aus den öffentlichen Geldern der Stadt gegen den Trennungsgrundsatz (Art. 20 und 89 JV) verstoße, so dass der Bürgermeister die Stadt für den Verlust entschädigen müsse. Das Präfekturgericht TSU wies aber diese sog. Einwohnerklage (ähnlich wie die Popularklage in Deutschland) mit folgender Begründung ab: Die betroffene Zeremonie (»kikōshiki«) entspreche dem Zeremoniell, das seit je her unter der Bezeichnung »jitchinsai« abgehalten werde. Dieses gehöre zwar wohl zu den religiösen Veranstaltungen des Schintoismus, sei aber in der Tat keine religiöse Betätigung, die z.B. auf das Verbreiten oder Entfalten des Schintoismus abzielt, sondern vielmehr lediglich eine konventionelle und profane Handlung, um die Sicherheit der Bauarbeit zu gewährleisten.

Das Berufungsgericht NAGOYA gab dagegen der Klage statt. Dabei setzte es drei Maßstäbe fest, um zu entscheiden, ob eine Handlung des öffentlichen Organs eine religiöse oder profane ist: zunächst sei zu prüfen, ob es sich bei den Zeremonienmeistern um Geistliche handelt; zweitens, ob die Abfolge der Zeremonie durch die betroffene Religionsgemeinschaft bestimmt sei; und schließlich, ob die Zeremonie bereits derart in der Gesellschaft anerkannt sei, dass die Öffentlichkeit sie ohne ein Gefühl der Fremdheit bzw. des Unbehagens akzeptieren könne. Das Berufungsgericht entschied nach diesen Maßstäben, dass die betroffene Zeremonie nicht als bloße gesellschaftliche Etikette bzw. gewohnheitsmäßige Veranstaltung, sondern als ein religiöser, dem Schrein-Schintoismus eigentümlicher Ritus anzusehen sei. Die Verfassung aber wolle die vollkommene Trennung von Staat und Religion und bekenne sich zur Religionsunabhängigkeit des Staates, so dass als religiöse Tätigkeit, die nach Art. 20 Abs. 3 JV verboten ist, nicht nur aktive Handlungen zum Zweck der Mission, Erbauung oder Propaganda einer bestimmten Religion, sondern auch jede Handlung anzusehen sei, die überhaupt einen religiösen Glauben zum Ausdruck bringe, wie sie im Art. 20 Abs. 2 JV mit dem Begriff der religiösen Handlung, des religiösen Festes, der religiösen Feiern oder der religiösen Veranstaltungen dargestellt werde. Deshalb sei die betroffene Zeremonie (kikōshiki) eine gegen Art. 20 Abs. 3 JV (Trennungsgrundsatz) verstoßende, verfassungswidrige religiöse Handlung. Daher wurde entschieden, dass der Beklagte verpflichtet sei, die genannte Summe an die Stadt zurückzuzahlen.

Der OGH hob jedoch das Urteil des Berufungsgerichts auf und urteilte, dass die Zeremonie nicht verfassungswidrig sei, also nicht gegen den Trennungsgrundsatz verstoße, somit also auch die Revision des Beklagten begründet sei. Nach dem OGH stehe der Trennungsgrundsatz im allgemeinen für die Religionsunabhängigkeit bzw. -neutralität des Staates, nach welcher der Staat (hiermit ist gemeint: die Stadt TSU als regionale Selbstverwaltungskörperschaft) die Angelegenheiten von Religion sowie Glauben als jenseits der öffentlichen Gewalt liegend betrachten soll, weil sie sich eigentlich unabhängig von der politischen Dimension auf die inneren Angelegenheiten des Einzelnen beziehen und sich der Staat nicht in die Religion selbst einmischen dürfe. Die Beziehungen von Staat und Religion könnten allerdings je nach den geschichtlichen und gesellschaftlichen Umständen des jeweiligen Staates verschieden sein. In Japan, anders als in christlichen oder islamischen Ländern, entwickelten sich ursprünglich verschiedene Religionen pluralistisch und vielschichtig, um nebeneinander bestehen zu können. Unter diesen Umständen der Religiosität sei es für die Sicherung der Glaubensfreiheit nicht ausreichend, diese in der Verfassung unbeschränkt zu gewährleisten; es hätte einen großen Bedarf an Trennungsvorschriften gegeben, um die Verbindung zwischen Staat und der jeweiligen Religion auszuschließen. Nach allem liege die von der Verfassung mit den Trennungsvorschriften verfolgte Absicht darin, nach dem Ideal der vollständigen Trennung von Staat und Religion die Religionsunabhängigkeit und -neutralität des Staates sicherzustellen. Die Trennungsvorschriften seien aber keine unmittelbare Gewährleistung der Religionsfreiheit an sich, sondern zielten vielmehr darauf, die Religionsfreiheit indirekt sicherzustellen, damit die Trennung der Religionsgemeinschaften vom Staate institutionell gewährleistet würde. Die Religion berühre auch immer verschiedene Gesellschaftsbereiche, wie Ausbildung, Wohlfahrt und Kultur, Volkssitten, sowie Gewohnheiten, sodass der Staat beim Regeln des Gesellschaftslebens oder beim Durchführen von verschiedenen Maßnahmen, um die Ausbildung, Wohlfahrt, Kultur usw. zu fördern bzw. zu stützen, notwendigerweise mit der Religion irgendwie in Berührung kommen müsste. Infolgedessen sei es in der Tat fast unmöglich, den Trennungsgrundsatz vollständig als positive, staatliche Institution zu verwirklichen. Dies führe vielmehr zu einer unvernünftigen Sachlage mit der Folge, dass z.B. die finanzielle Förderung von religiösen Privatschulen durch den Staat, gleich der Finanzierung von profanen Privatschulen auf der einen Seite, oder Subventionen durch den Staat oder durch lokale Selbstverwaltung (im Sinne der öffentlichen Gebietskörperschaften) zum Zweck der Aufrechterhaltung von Kulturdenkmälern wie Schrein- oder Tempelbauten bzw. Buddha-Statuen auf der anderen Seite, in Frage gestellt würde. Doch wenn diese Maßnahmen wegen der Verletzung des Trennungsgrundsatzes verboten wären, dann würde dies eine Benachteiligung auf Grund der Beziehung zu einer Religion herbeiführen, d.h. eine ungleiche Behandlung wegen der Religion bestehen. Wenn darüber hinaus z.B. auch die Tätigkeit von Geistlichen in Gefängnissen nicht zulässig wäre, soweit er religiöse Handlungen vornimmt, so könnten hierdurch die Gefangenen in ihrer Glaubensfreiheit erheblich beeinträchtigt werden. Mit Rücksicht darauf müsse man davon ausgehen, dass die durch die Trennungsvorschriften gewährleistete Trennung von Staat und Religion einer natürlichen Beschränkungen unterliege und dass die Verwirklichung des Trennungsgrundsatzes als wirkliche staatliche Institution je nach den gesellschaftlichen und kulturellen Bedingungen eine gewisse Beziehung zwischen Staat und Religion unumgänglich machte.

Dann aber sei zu fragen, in welchen Fällen und in welchem Maße eine solche Beziehung im Hinblick auf den Hauptzweck des Trennungsgrundsatzes – die Sicherung der Gewährleistung der Glaubensfreiheit – unzulässig ist. Von diesem Gesichtspunkt aus gesehen verlange zwar der den Trennungsvorschriften unserer Verfassung zugrunde liegende und für ihre Auslegung richtungsweisende Trennungsgrundsatz die religiöse Neutralität des Staates[10], schließe aber die Beziehung zwischen Staat und Religion nicht völlig aus, sondern nur dann, wenn die Beziehung im Hinblick auf Zweck und Wirkung der Handlung, die sie herbeiführt, unter den genannten Bedingungen das angemessene Maß überschritten hätte.

Als religiöse Tätigkeit im Sinne des Art. 20 Abs. 3 JV gelte also nicht jegliche religionsbezogene Handlung des Staates oder seiner Behörde, sondern nur diejenige, deren Beziehung zur Religion das obengenannte Maß überschreitet, d.h. die Handlung, deren *Zweck* einen religiösen Sinn hat und deren *Wirkung* auf die Religion entweder als Unterstützung, Ermutigung und Förderung oder als Unterdrückung und Eingriff usw. angesehen werden könnte. Bei der Prüfung, ob die Handlung eine religiöse Tätigkeit im Sinne des Art. 20 Abs. 3 JV ist oder nicht, ist nicht nur die äußere Seite der betroffenen Handlung und die Frage zu berücksichtigen, ob sie von einem Geistlichen, entsprechend der im betreffenden Bekenntnis einzuhaltenden Reihenfolge und Formalität vorgenommen wird. Vielmehr seien noch weitere verschiedene Umstände zu berücksichtigen, z.B. wo die betroffene Handlung stattfand, was für eine religiöse Einschätzung die Allgemeinheit über die betroffene Handlung hat, mit welcher Absicht und mit welchem Zweck die Handlung begangen wurde sowie ob und wieweit sie mit dem religiösen Bewusstsein getätigt wurde und welche Wirkung und Einfluss die betroffene Handlung auf die Allgemeinheit hat, usw. Dies alles ist nach der herrschenden Ansicht in der Gesellschaft objektiv zu beurteilen.

In unserem Land bekennen sich viele Bürger in ihrer Eigenschaft als Ortseinwohner zum Schintoismus und als Individuen zum Buddhismus. Auch bei den feierlichen Angelegenheiten im täglichen Leben wird z.B. die Trauerfeier nach dem Buddhismus, die Hochzeit aber nach dem Schintoismus oder dem Christentum durchgeführt, ohne dass dies als widersprüchlich empfunden wird[11]. Mit Hinblick auf diese Multireligiösität ist es schwer zu sagen, dass das religiöse Interesse des Volkes sehr stark ist. Auf der anderen Seite beschränkt sich der Schrein-Schintoismus auf liturgische Feste und Riten, ohne dabei aktive Missionstätigkeiten wie andere Religionen zu entfalten. Daraus und aus dem obenerwähnten Bewusstsein der Allgemeinheit könnte man schließen, dass die Zere-

10 Zu der Pflicht der religiösen Neutralität unter dem Grundgesetz der BRD, namentlich anhand der Rechtsprechungen des BVerfG, siehe vorläufig z.B. *Czermak*, a. a. O., S. 257 und *Udo Steiner*, Staat und Religion in der neueren Rechtsprechung des Bundesverfassungsgerichts, in: Recht – Religion – Verfassung. Festschrift für Hans-Jürgen Becker zum 70. Geburtstag, 2009, S. 239 ff.

11 Vgl. oben VII.

monie (»kikōshiki«), selbst wenn sie an der Baustelle von einem schintoistischen Berufsgeistlichen nach dem eigenen Ritual des Schrein-Schintoismus durchgeführt wird, weder die Wirkung hat, das religiöse Anliegen der Teilnehmer und der Allgemeinheit zu verstärken noch die Wirkung hat, den Schintoismus zu unterstützen, zu ermutigen oder zu fördern. Es ist überhaupt nicht denkbar, dass dadurch eine besondere enge Beziehung zwischen dem Staat und dem Schrein-Schintoismus entstünde, die dem Schintoismus wieder die Stellung einer Art Staatsreligion verschaffen würde und die Glaubensfreiheit gefährden könnte.

Wenn man alle diese Umstände zusammenfassend beurteilt, sei zwar die Religionsbezogenheit der betroffenen Zeremonie nicht ganz zu leugnen, aber ihr Zweck, beim Anfangen der Bauarbeiten die Festigkeit des Bodens und die Sicherheit der Bauarbeit zu wünschen und daher ein der allgemeinen Gewohnheit der Gesellschaft entsprechenden Zeremoniell zu veranstalten, gelte als durchaus weltlich. Sie habe auch keine Wirkung, den Schintoismus zu unterstützen, zu ermutigen oder zu fördern sowie andere Religionen zu unterdrücken oder in diese einzugreifen. Somit stelle sie keine religiöse Tätigkeit dar, die durch Art. 20 Abs. 3 JV verboten ist.

Der im oben zitierten Grundstückeinweihungs-Urteil entwickelte, sogenannte „*Zweck-Wirkung-Maßstab*", der bestimmt, ob die vom Staate bzw. dessen Behörde (einschließlich der lokalen Gebietskörperschaften) durchgeführte religiöse Handlung als verfassungswidrige Tätigkeit im Sinne des Art. 20 Abs. 3 JV gilt oder nicht, wurde auch bei den Entscheidungen der folgenden Fälle, insbesondere des nachfolgend erläuterten EHIME-Tamagushiryō-Falles (unten (2)) als ein bedeutender Prüfungsmaßstab und Beurteilungsgrundlage für das Urteil gebraucht. In diesem Zusammenhang wird des Öfteren darauf hingewiesen, dass der vom Supreme Court der USA seit 1971 entwickelte Prüfungsmaßstab, der sogenannte „Lemon Test"[12] auf die Ausarbeitung dieses Maßstabes durch den japanischen OGH einen maßgebenden Einfluss gehabt zu haben scheint. Dies ist wahrscheinlich nicht unrichtig, doch ist zu beachten, dass beide Maßstäbe sich doch erheblich voneinander unterscheiden. Der „Lemon Test" ist, vorausgesetzt dass die Tätigkeit der Regierung irgendeine religiöse Relevanz besitzt, ein Beurteilungsmaßstab, mit dem die betroffene Tätigkeit danach bewertet werden kann, ob sie einen reinen weltlichen Zweck verfolgt, oder ob deren wesentliche Wirkung die Förderung oder Unterdrückung einer Religion ist, oder ob sie gar eine exzessive Beziehung zur Religion fördert. Bei manchen den Trennungsgrundsatz betreffenden Streitigkeiten in den USA handelt es sich um die Verfassungsmäßigkeit des konstitutiven Rechts (statute law) des Staates, und zwar namentlich im Bereich der Schulerziehung.

12 Lemon v. Kurtzman, Entscheidungssammlung U. S. A. Bd. 403 S. 602.

2. EHIME-Tamagushiryō-Fall – Urteil des Großen Senats des OGH v. 2. 4. 1997, OGHE [Zivilsache] Bd. 51, H. 4, S. 1673.

Für jede Schintozeremonie ist der sogenannte »Tamagushiryō«, ein Zweig des heiligen Baumes »Sakaki« (Sperrstrauch oder *Cleyera japonica*), eine unabdingbare Opferbeigabe. Für die Anschaffung dieses heiligen Zweiges ist ein gewisser Geldbeitrag zu leisten. Der Gouverneur der Präfektur EHIME gab hierfür jeweils im Frühling und Herbst von 1981 bis 1986 insgesamt eine Summe von etwa 166.000 Yen aus öffentlichen Geldern aus, die er durch die sog. »Tamagushiryō« und Weihlaternenabgabe (»kentōryō«) bei den üblichen großen Festen des YASUKUNI-Schreins, sowie den Opfergabe-Beitrag (»kumotsuryō«) bei dem üblichen Gedenkgottesdienst des GOKOKUJINJA-Schreins (wörtlich: Schinto-Schrein des Vaterland schutzenden Gottes) der Präfektur EHIME finanzierte. Die Kläger, die Bewohner der Präfektur EHIME, erhoben gegen den Gouverneur sowie gegen dessen Beauftragte (die tatsächlich die Ausgaben tätigten) eine Klage in Form einer verwaltungsrechtlichen Ersatzklage, mit der Behauptung, dass die betroffenen Ausgaben der öffentlichen Gelder gegen den Trennungsgrundsatz verstoßen hätten. Der OGH legte seiner Entscheidung den im oben (1) genannten Grundstückseinweihungs-Fall entwickelten sog. „Ziel-Wirkung- Maßstab“ zu Grunde und entschied, dass die betroffenen Ausgaben gegen den Trennungsgrundsatz verstoßen und somit verfassungswidrig seien. Der OGH gab der Klage mit folgender Begründung statt:

Für den Schrein-Schinto sei es eine zentrale religiöse Handlung, feierliche Zeremonien in Form von großen Festen und Gottesdiensten durchzuführen. Der »Tamagushiryō« und der Opfergabe-Beitrag würden bei den religiösen Zeremonien den Göttern feierlich gewidmet und die Weihlaternenabgabe bei den Festen als geweihtes Licht mit dem Namen des Darbringers versehen ausgehängt; beide Schreine hätten eindeutig diesen Zeremonien religiöse Bedeutung zugesprochen. Infolgedessen sei es ganz klar, dass die Präfektur an einer von der bestimmten Religionsgesellschaft durchgeführten bedeutsamen religiösen Zeremonie teilgehabt hat. Anders als bei der Weihezeremonie der Baustelle, – die schon oben unter (1) dargestellt wurde – könne hinsichtlich der Darbringung der »Tamagushiryō« etc. keineswegs gesagt werden, dass es sich, allgemein gesprochen, um eine im Laufe der Zeit zur Gewohnheit gewordene, profane gesellschaftliche Höflichkeit mit kaum religiöser Bedeutung handele. Es sei zudem fast undenkbar, dass sie von der Allgemeinheit für eine Maßnahme gehalten werde, die lediglich aus Höflichkeit getätigt wird. Da die öffentliche Gebietskörperschaft nur diese bestimmte Religionsgesellschaft speziell gefördert hat, müsse dies auf die Allgemeinheit den Eindruck erwecken, dass die Präfektur nur dieser bestimmten Religionsgesellschaft ihre besondere Unterstützung darbietet. Daraus folgere, dass die Präfektur ein besonders gutes Verhältnis zum Shinto-Schrein pflegt. Auch wenn ein beträchtlich großer Teil der Bevölkerung die betroffene Darbringung der »Tamagushiryō« etc. als wünschenswert ansehen sollte und auch wenn diese mit dem Ziel, die Kriegsgefallenen sowie die Kriegshinterbliebenen zu trösten, dargebracht worden sein sollte, so würde es dennoch nichts daran ändern, dass die betroffene Beziehung der öffentlichen Gebietskörperschaft mit einer bestimmten Religionsgesellschaft verfassungsrechtlich unzulässig ist, weil sie über die verfassungsrechtlich angemessene Grenze hinausgeht. Daraus sei zu schließen, dass die betroffenen Ausgaben öffentlicher Gelder eine religiöse Bedeutung hätten. Ihre Wirkung sei die Unterstützung, Ermutigung bzw. Förderung einer bestimmten Religion, mit der Folge, dass sie gegen die Bestimmungen des Art. 20 Abs. 3 und 89 JV verstößt und eine verfassungswidrige religiöse Betätigung vorliegt.

3. Stadt SUNAGAWA-Fall – Urteil des Großen Senats des OGH v. 20. 1. 2010, OGHE [Zivilsache] Bd. 64, H. 1, S. 1.

Auf den Grundstücken, deren Eigentümer die Stadt SUNAGAWA in der Präfektur HOKKAIDO war, stand ein für die gemeinsame Benutzung der Bezirkseinwohner gebautes „Gesellschaftshaus", mit integriertem „Schinto-Schrein". Auf der Mauer des Hauses war das Zeichen »Schrein« angebracht. Auch auf dem anliegenden, gleichfalls der Stadt gehörenden Grundstück standen ein »Torii« (Schreintor) und ein „Gegend-Schrein" (all diese Gebäude zusammenfassend: Schrein-Einrichtungen). Auf der oberen Front des robust gebauten Torii war eine Kalligraphie »S...-Schrein« aufgehängt. Die Stadt hatte diese Grundstücke dem Nachbarschaftsverein, welcher der Inhaber des obengenannten Hauses und der obengenannten Schrein-Einrichtungen war, zur unentgeltlichen Nutzung überlassen. Jedes Jahr kam zu den Frühlings- und Herbstfesten von einem anderen Schrein ein Oberpriester und hielt in den Schreinen eine Schinto-Zeremonie. In der Gegend um den Schrein herum wurden dabei Banner oder Schilder mit dem Zeichen des Schreins aufgestellt. Die Bewohner erhoben gegen die Stadt eine Feststellungsklage mit der Behauptung, dass die unentgeltliche Nutzungsüberlassung der Grundstücke durch die Stadt für die betroffenen Schrein-Einrichtungen des Nachbarschaftsvereins gegen den Trennungsgrundsatz verstoße. Es sei rechtswidrig, dass die Stadt den Nutzungsüberlassungsvertrag zwischen ihr und dem Nachbarschaftsverein weder auflöst, noch fordert, die Schrein-Einrichtungen sowie die Grundstücke zu räumen. Dies sei ein rechtswidriges Versäumnis der Vermögensverwaltung. Da sowohl das Gericht der ersten als auch der zweiten Instanz der Klage stattgab, wurde seitens der Stadt Revision beim OGH eingelegt und zwar mit der Behauptung, dass die betroffenen Schrein-Einrichtungen von fast unreligiösem Charakter seien und die betroffene Grundstücksnutzung keinen religiösen Zweck verfolgten. Daher verstoße die Maßnahme nicht gegen den Trennungsgrundsatz. Aber auch der OGH wies die Behauptung der Stadt ab und entschied zum Schluss, dass die obengenannte Maßnahme der Stadt verfassungswidrig sei. In seiner Entscheidung entschied der OGH über die Verfassungswidrigkeit des Sachverhalts *nicht* an Hand des obengenannten sog. *„Zweck-Wirkung-Maßstabs"*, also, ob die Maßnahme des öffentlichen Organs als eine religiöse Betätigung gegen den Art. 20 Abs. 3 JV verstößt oder nicht, *sondern* er entschied vielmehr, dass sie gerade gegen den Art. 89 JV verstoße. Art. 89 JV verbietet nämlich das Angebot von Grundstücken, die der Stadt gehören, an private Dritte (hier der Nachbarschaftsverein). Außerdem stellte der OGH zugleich auch ein Verstoß gegen den Art. 20 Abs. 1 S. 2 JV fest, der die Ausstattung von religiösen Gesellschaften mit Sonderrechten durch den Staat verbietet.

4. Fuji-Berggipfel-Fall – Urteil des OGH v. 9. 4. 1974, Hanrei-Jihō Heft 740, S. 42

Alle oben dargestellten drei Fälle stehen im Zusammenhang mit dem Schrein-Schintoismus. Dabei handelt es sich nicht um *Gesetzgebung* zu dieser Religion, wie es in den USA wegen des Wortlauts der Verfassung (vgl. First Amendment of the Constitution of USA[13]) grundsätzlich der Fall ist, sondern um von Präfekturgouverneuren oder Bürgermeistern usw. getätigten Aufwendungen mit öffentlichen Geldern; in Japan wurde bis heute kein Gesetz betr. die Einschränkung der Religionsfreiheit bzw. die Errichtung einer Staatsreligion erlassen.

Eines der wenigen Gesetze, die die Religion betreffen, ist „das Gesetz betr. die Verfügung des im Staatseigentum stehenden Vermögens, die an die Schreine und Tempel entgeltlich verliehen sind.“

In Japan stehen viele Berge im Eigentum der Schreine oder Tempel, auch wenn sie grundsätzlich einen Teil der Nationalparks bilden. Sie sind Gegenstand des Glaubens der Bergverehrung. Auch der FUJI-Berg, der höchste Berg Japans mit einer Höhe von 3.776 Metern, ist keine Ausnahme.

Nach dem obengenannten Gesetz, das am Tag vor Inkrafttreten der geltenden Japanischen Verfassung in Kraft getreten ist, sollten Gegenstände, die vom Staat an die Schreine und Tempel zur Durchführung ihrer religiösen Tätigkeiten zur unentgeltlichen Nutzung überlassen wurden, auf Antrag innerhalb eines bestimmten Zeitraumes unentgeltlich oder zu einem geringen Marktpreis an die jeweiligen Schreine und Tempel übereignet werden können.

In einem diese Gesetzesvorschriften betreffenden Fall urteilte der OGH, dass dieses Gesetz darauf zielte, das Eigentum, welches in den früheren Jahren der Meiji-Ära säkularisiert worden war, vor Inkrafttreten der Japanischen Verfassung wieder den betreffenden Schreinen und Tempeln zurückzugeben. Mit anderen Worten sollten die früheren Eigentumsverhältnisse der Schreine und Tempel wiederhergestellt werden.

Freilich wäre es unmöglich, unter der geltenden Japanischen Verfassung, die die besondere Vorteilsgewährung gegenüber den Religionsgemeinschaften ausdrücklich verbietet, dieses alte Verhältnis zur unentgeltlichen Verfügungen in

13 First Amendment to the Constitution of the USA lautet: „Congress shall make *no law* respecting an establishment of religion, or prohibiting the free exercise thereof......“.

seiner alten Form bestehen zu lassen. Aber wenn man diese historisch bedingte Beziehung zwischen Staat und Religionsgesellschaft ohne weiteres auflösen würde, dann würde dies dazu führen, dass den Schreinen und Tempeln die ihnen auf Grund der obengenannten Entwicklungsgeschichte bis jetzt zugewilligte ewige und unentgeltliche Nutzungsberechtigung genommen werden würde. Dies würde zugleich gegen den Sinn der das Vermögensrecht gewährleistenden Verfassung (vgl. Art. 29 JV[14]) verstoßen, mit der Folge, dass dies auf die religiösen Tätigkeiten der Schreine und Tempel störend einwirken und sogar unter Umständen ihr Fortbestehen gefährden könnte. Infolgedessen könnte man sagen, dass die neue Umstrukturierung des damaligen Rechtsverhältnisses auf Grund des Gesetzes nicht gegen den Art. 89 JV verstößt.

In diesen Fall bildete der obere Teil des FUJI-Berges, d.h. oberhalb der achten Bergstation, an dessen Gipfel sich ein Schinto-Schrein befindet, den Streitgegenstand. Dieser Teil des Berges bildet bis heute die sog. „heilige Stätte“ des Berges und wird nach wie vor verehrt. Nach der Entscheidung des OGH sei dieser Bergabschnitt, der die Grundlage bzw. der Ort von religiösen Zeremonien ist, „notwendiges Grundstück, um religiöse Tätigkeiten durchzuführen“, es sei denn, andere Umstände würden eine andere besondere Sachlage ergeben.

IX. Zusammenfassende Bemerkungen

1. Die Verfassungstheorie führt u.U. gelegentlich auch durch die Rechtsprechungspraxis dazu, dass konkrete Fälle durch Auslegung verfassungsrechtlicher Normen entschieden werden. Vor allem gilt dies für Grundrechtsnormen, die mehr oder weniger abstrakt formuliert sind. Man könnte sagen, dass ohne diese gerichtliche Praxis eine konkrete Inhaltsbestimmung der jeweiligen Verfassungsnormen nicht möglich wäre.

In den oben erläuterten Fällen waren die Kläger weitestgehend entweder religiöse Minderheiten, wie die Zeugen Jehovas oder die Christen, oder sonstige, keineswegs spezifisch religiöse Minderheiten, die gegenüber dem Jinja-Schintoismus äußerst kritisch eingestellt sind. Bei der Fortentwicklung der Verfassungsinterpretation spielten und spielen noch heute solche Minderheiten eine große Rolle. Es wäre auch nicht fernliegend zu behaupten, dass man die an der Verfassungspraxis orientierte verfassungstheoretische Entwicklung diesen Minderheiten verdankt. Im Gegensatz dazu scheint die überwältigende Mehrheit in

14 Art. 29 lautet: “(1) Das Recht auf Eigentum ist unverletzlich.
(2) Der Inhalt des Eigentumsrechts wird durch Gesetz dahin geregelt, dass es dem Wohl der Allgemeinheit entspricht.
(3) Eine Enteignung kann gegen eine gerechte Entschädigung zum Wohle der Allgemeinheit erfolgen“.

Japan keine besonderen Bedenken hinsichtlich der heutigen religiösen Lage in Japan zu haben, obwohl sie keinesfalls atheistisch bzw. unreligiös eingestellt sind. Man könnte sogar sagen, dass die meisten ein recht religiöses Alltagsleben zu führen scheinen. Wie bereits oben erwähnt, kann man wohl die Religiosität der Japaner dahingehend beschreiben, dass sie im Allgemeinen nicht dazu neigte, sich auf eine bestimmte Bekenntnisrichtung zu beschränken.

2. Schließlich noch eine Bemerkung zur Bedeutung der rechtsvergleichenden Forschung zwischen dem deutschen und dem japanischen Verfassungsrecht: Wie oben bereits erwähnt, unterscheidet sich insbesondere das Rechtssystem betr. die Beziehung zwischen Staat und Religionsgemeinschaften in Deutschland sehr zu dem des Japanischen. Es ist wohl nicht übertrieben zu behaupten, dass die Unterschiede beider Rechtssysteme zu groß sind, um aus einer rechtsvergleichenden Untersuchung bedeutungsvolle Ergebnisse zu erhalten. In Japan fanden daher bisher hauptsächlich rechtsvergleichende Untersuchungen zwischen den Rechtssystemen der USA und Japan statt. Dies ist wohl auch begründet, da die Japanische Verfassung vom 3. November 1946, anders als die alte Verfassung vom 11. Februar 1889 (Meiji-Verfassung), die im Großen und Ganzen der „Verfassungsurkunde für den Preußischen Staat vom 1850" nachgebildet ist, unter dem starken Einfluss und Druck des Oberkommandos der Alliierten (insbes. USA) zustande gekommen war. Was den Trennungsgrundsatz zwischen dem Staat und den Religionsgemeinschaften betrifft, so hat sich die verfassungsrechtliche Lehre der führenden Wissenschaftler bisher hauptsächlich auf die rechtsvergleichenden Untersuchungen zwischen dem amerikanischen und japanischen Rechtssystemen konzentriert; denn auch die „Constitution of the United States of America vom 17. September 1787" enthält einen strikten Trennungsgrundsatz (siehe Anm. 12).

Dennoch, da das deutsche Rechtssystem betr. das Verhältnis zwischen dem Staat und den Religionsgesellschaften dem Japanischen oder dem Amerikanischen völlig verschieden ist, scheint es mir gerade deshalb sehr sinnvoll zu sein, über das deutsche und japanische „Religionsverfassungsrecht" (vgl. *von Campenhausen*[15]) eine rechtsvergleichende Untersuchung durchzuführen. Eine solche Rechtsvergleichung würde nicht nur der japanischen, sondern auch der deutschen Verfassungstheorie einen großen Beitrag leisten, vor allem wenn man den Trennungsgrundsatz nach der Japanischen Verfassung (Art. 20 und 89 JV) vom Standpunkt des sogenannten „Kooperationssystems" des deutschen Grundgesetzes aus (Art. 4, Art. 7 Abs. 3 sowie Art. 140 i. V. m. Art. 135 ff. WRV usw.) aufs Neue untersuchen und das geltende deutsche System in der gegenwärtigen Situation einer säkular orientierten, freiheitlichen Verfassungs- und Rechtsord-

15 *V. Campenhausen / de Wall*, a. a. O (Anm. 4).

nung[16] noch einmal im Hinblick auf den religiösen Pluralismus im Detail überprüfen würde.

16 Vgl. *Eric Hilgendorf*, Religion, Recht und Staat. Zur Notwendigkeiten einer Zähmung der Religionen durch das Recht, in: Wissenschaft, Religion und Recht. Festschrift für Hans Albert zum 85. Geburtstag, hrsg. v. *Eric Hilgendorf* (Hrsg.), S. 359 ff., insbes. S. 364.

Zeitfracht Medien GmbH
Ferdinand-Jühlke-Straße 7
99095 Erfurt, Deutschland
produktsicherheit@kolibri360.de